PRINCIPES

DU

DROIT

POLITIQUE.

TOME SECOND.

A AMSTERDAM,

Chez ZACHARIE CHATELAIN.

M DCC LI.

[illegible]

[illegible]

[illegible]

[illegible]

[illegible]

[illegible]

[illegible]

PRINCIPES
DU DROIT POLITIQUE.

QUATRIE'ME PARTIE.

Dans laquelle on traite des différens Droits de la Souveraineté à l'égard des Etats étrangers, du Droit de la Guerre & de tout ce qui y a rapport, des Traités publics & du Droit des Ambaſſadeurs.

CHAPITRE PREMIER.

De la Guerre en général, & premièrement du Droit du Souverain ſur les Sujets à cet égard.

§. I. TOUT ce que l'on a dit juſqu'ici des parties eſſentielles de la Souveraineté, regarde proprement & directement le gouvernement intérieur de l'Etat : mais comme le bonheur

& la prospérité d'une Nation demande non seulement que l'on y maintienne l'ordre & la paix au dedans, mais encore que l'on puisse se mettre à couvert des insultes des ennemis du dehors, & se procurer de la part des autres Etats tous les secours utiles que l'on en peut tirer, nous devons passer à présent à l'examen de ces parties de la Souveraineté qui regardent directement la sureté & les avantages extérieurs de l'Etat, & traiter les questions les plus essentielles qui y ont rapport.

§. II. Pour reprendre les choses dès leur origine, il faut d'abord remarquer ici que le genre humain s'étant partagé en diverses Sociétés particulières, que l'on apppelle *Etats* ou *Nations*, & ces différens corps politiques formant entr'eux une espéce de Société, ils se trouvent aussi soumis à ces loix primitives & générales, que Dieu lui-même a données à tous les hommes, & qu'en conséquence ils sont obligés de pratiquer entr'eux certains devoirs.

§. III. C'est le systême ou l'assemblage de ces loix, que l'on appelle proprement le *Droit des Gens* ou la *Loi des Nations*: & ces loix ne sont autre chose dans le fonds que les loix naturelles même, que les hommes confidérés comme membres de la Société humaine en général doivent pratiquer les uns envers les autres, ou pour dire la chofe en d'autres termes, le droit des gens n'eft autre chofe que la loi générale de la *Sociabilité*, appliquée non aux particuliers qui compofent la Société, mais aux hommes confidérés comme formant entr'eux différens corps que l'on appelle *Etats* ou *Nations*.

§. I V. L'état naturel des Nations, les unes à l'égard des autres, eft fans doute un état de société & de paix : tel eft l'état naturel & primitif de l'homme par rapport à tout autre homme, & quelque modification particulière que les hommes puiffent apporter à leur état primitif, ils ne fçauroient, fans bleffer leurs devoirs, donner atteinte à cet état de paix & de société dans lequel ils fe trouvent naturellement, & que les loix naturelles leur recommandent fi fort.

§. V. De là découlent plufieurs loix du droit des gens ; par exemple, que toutes les Nations doivent fe regarder comme naturellement égales & indépendantes les unes des autres, & fe traiter comme telles dans l'occasion : qu'elles ne doivent se faire aucun mal , & au contraire réparer celui qu'elles pourroient avoir fait. De là encore le droit qui leur appartient de travailler à leur conservation & à leur bonheur , & d'employer la force & les armes contre ceux qui se déclarent leurs ennemis. La fidélité dans les traités & les alliances , & les égards que l'on doit aux Ambassadeurs viennent aussi du même principe. Telle est l'idée que l'on doit se faire du droit des gens en général.

§. VI. Nous ne nous proposons pas d'entrer ici dans le détail de toutes les questions de politique que peut présenter le droit des gens : nous nous contenterons d'examiner ces trois matières, qui, étant plus considérables , renferment presque toutes les autres : je veux dire le *Droit de la Guerre* , celui des *Traités & des Alliances* , & celui des *Ambassadeurs*.

§. VII. La matière du droit de la guerre est également importante & étendue ; elle mérite par conséquent d'être traitée avec quelque exactitude. Nous avons déja remarqué ci-dessus que c'est une maxime fondamentale du droit de la nature & des gens , que les particuliers & les Etats doivent vivre entr'eux dans un Etat d'union & de société ; qu'ils ne doivent se faire aucun mal ni se causer aucun dommage , & qu'au contraire chacun doit exercer envers autrui les devoirs de l'humanité.

§. VIII. Lorsque les hommes pratiquent ces devoirs les uns envers les autres, on dit qu'ils sont dans un état de paix. Cet état est sans doute le plus conforme à la nature humaine , le plus capable de la conserver , celui dont l'établissement & le maintien est le but principal des loix de la nature.

§. IX. L'état opposé à cet état d'union & de paix est ce qu'on appelle la *Guerre*, qui, dans le sens le plus général , n'est autre chose que l'état de ceux qui tâchent de vuider leurs différens par les voies de la force, considérés comme tels. J'ai dit que c'est là le sens le plus général ; car dans un sens plus réservé , l'usage ordinaire a restreint la signification du mot de *Guerre*, à celle qui se fait entre des Puissances souveraines *.

§. X. Quoique l'état de paix & d'une bienveillance mutuelle „ soit sans doute le

* * *

* *Vid. infr. Cap. III.*

A 3

plus naturel à l'homme & le plus convé-
nable aux loix qu'il doit fuivre, la guérre
ne laiffe pas d'être permife dans de certaines circonftances , & quelquefois même
d'être néceffaire, foit à l'égard des particuliers, foit à l'égard des Nations : c'eft ce que
nous avons déja fuffifamment prouvé dans
la feconde partie de cet Ouvrage , en éta-
bliffant les droits que la nature donne à
l'homme pour fa propre confervation , &
les moyens qu'il peut légitimement employer pour cela. Tous les principes que
nous avons établis là-deffus à l'égard des
particuliers , conviennent également &
même à plus forte raifon aux Nations.

§. X I. La loi de Dieu ne recommande
pas moins au corps des Nations de travailler à leur confervation, qu'aux hommes
en particulier : il eft donc jufte qu'elles
puiffent employer la force contre ceux qui
fe déclarant leurs ennemis , violent envers
elles la loi de la fociabilité , leur réfufent
ce qui leur eft dû , cherchent à leur enlever
leurs avantages & à les détruire. Il eft donc
du bien même de la Société , que l'on
puiffe réprimer efficacement la malice &
les efforts de ceux qui en renverfent les
fondemens ; fans cela le genre humain

deviendroit la victime du brigandage & de la licence, & le droit de faire la guerre est à proprement parler, le moyen le plus puissant de maintenir la paix entre les hommes.

§. XII. Il faut donc tenir pour constant, que le Souverain, entre les mains duquel on a remis l'intérêt de toute la Société, a le droit de faire la guerre : mais si cela est ainsi, il faut par une conséquence nécessaire, lui donner en même temps le droit d'employer tous les moyens nécessaires pour cela. En particulier il faut lui accorder le pouvoir de lever des troupes, d'enrôler des soldats, & de les obliger à remplir toutes les fonctions les plus périlleuses, & même au péril de leur vie : & c'est là une branche du droit de vie & de mort, qui appartient incontestablement au Souverain.

§. XIII. Mais comme la force & la valeur des troupes dépend en bonne partie de l'habitude où elles font des exercices militaires, le Souverain doit même en temps de paix former les citoyens à ces exercices, afin qu'ils soient plus propres dans l'occasion à supporter les fatigues de la guerre, & à en remplir les différentes fonctions.

A 4

§. XIV. L'obligation où font à cet égard les fujets, eft fi rigoureufe & d'une fi grande force, qu'il n'y a, à parler à la rigueur, aucun citoyen qui puiffe s'exempter de prendre les armes dans l'occafion, & le refus de le faire feroit un jufte fujet de ne plus tolérer dans la Société ceux qui voudroient fe difpenfer de cette charge ; fi donc pour l'ordinaire il y a dans les Etats quelques citoyens que l'on exempte des exercices militaires, cette immunité n'eft point un privilége qui leur appartienne de droit, c'eft une tolérance qui n'a de force qu'autant que l'on a d'ailleurs affez de troupes pour la défenfe de l'Etat, & que les perfonnes à qui on l'accorde rempliffent quelques autres fonctions utiles & néceffaires ; mais à cela près & dans un befoin, tous ceux qui font en état doivent marcher à la guerre, & perfonne ne fçauroit s'en difpenfer légitimement.

§. XV. C'eft par une conféquence des mêmes principes que la difcipline militaire eft très-rigoureufe ; la plus petite négligence, la moindre faute eft fouvent de la dernière conféquence, & pour cela peut être punie très-rigoureufement. Les autres Juges pardonnent quelque chofe à la

foibleſſe humaine ou à la violence des
paſſions ; mais dans un Conſeil de guerre
on n'a pas tant d'indulgence, & on punit
ſouvent du dernier ſupplice un ſoldat à
qui la crainte d'une mort prochaine fait
abandonner ſon poſte.

§. XVI. Il eſt donc du devoir de ceux
qui ſont une fois enrólés, de tenir ferme
dans le poſte où le Général les a placés,
& de combattre vaillamment lors même
qu'ils courent vraiſemblablement riſque d'y
perdre la vie : vaincre ou mourir, eſt la
loi de ces ſortes de combats ; & il vaut
ſans contredit mieux perdre la vie glorieu-
ſement en tâchant de l'ôter à l'ennemi,
que de périr tout ſeul avec lâcheté. On
peut juger par là de ce qu'on doit penſer
de ces Capitaines de vaiſſeaux, qui par
l'ordre de leur ſupérieur ſe font ſauter en
l'air plutôt que de tomber entre les mains
de l'ennemi : en effet, ſuppoſé que le nombre des vaiſſeaux ſoit égal de part & d'autre, ſi un de nos vaiſſeaux vient à être
pris, l'ennemi en aura deux de plus que
nous, au lieu que ſi un des nôtres périt il
n'en aura qu'un de plus ; & même ſi le
vaiſſeau qui veut ſe rendre maître du
nôtre périt avec nous, comme cela ar-

rive fouvent, les forces demeureront dans l'égalité.

§. XVII. Pour ce qui eft de la queftion fi les citoyens font obligés de prendre les armes & de fervir dans une guerre injufte, il faut en juger par les principes que nous avons étabis ci-deffus fur la fin du Chapitre premier, qui *traite du Pouvoir légiflatif.*

§. XVIII. Telles font les obligations des fujets par rapport à la guerre & à la défenfe de l'Etat; mais cette partie de la Souveraineté très-importante en elle-même, demande auffi de grands ménagemens de la part du Souverain, pour être exercée d'une manière avantageufe à l'Etat. Indiquons ici les principales maximes de la politique à cet égard.

§. XIX. Et premiérement il eft bien évident que la principale force d'un Etat à l'égard de la guerre, confifte dans le nombre de fes habitans; les Souverains ne doivent donc rien négliger de tout ce qui peut contribuer à l'entretenir & à l'augmenter.

§. XX. Entre tous les moyens que l'on peut mettre en ufage pour cela, il y en a trois entr'autres, qui font d'une très-grande efficace. Le premier, c'est de recevoir sans peine & avec facilité tous les étrangers d'un bon caractère qui veulent s'établir chez nous, de leur procurer la jouiſſance de toutes les douceurs du Gouvernement, & de leur faire part des avantages de la liberté civile. Ainſi l'Etat ſe remplit de citoyens qui apportent avec eux les arts, le commerce & les richeſſes, & dans leſquels on peut trouver dans le beſoin un nombre conſidérable de bons ſoldats.

§. XXI. Une autre choſe & qui va au même but, c'est de favoriſer & d'encourager les mariages qui ſont la pépinière de l'Etat, & de faire à cet égard de bonnes loix. La douceur du Gouvernement peut entr'autres choſes beaucoup contribuer à porter les citoyens à ſe marier. Des ſujets ſurchargés de tailles & d'impôts, qui peuvent à peine par leur travail trouver de quoi ſatisfaire aux néceſſités de la vie & aux charges publiques, ne ſe portent pas volontiers au mariage, dans la crainte qu'eux & leurs enfans ne ſoient réduits à mourir de faim.

§. XXII. Enfin, un autre moyen très-propre à entretenir & à augmenter le nombre des habitans, c'est la liberté de conſcience. La Religion eſt un des plus grands avantages de l'homme , tous les hommes l'enviſagent ſur ce pied-là : tout ce qui va à leur ôter la liberté à cet égard leur paroît inſupportable ; ils ne ſçauroient s'accoutumer qu'avec peine à un Gouvernement qui les tyranniſe là-deſſus. La France, l'Eſpagne & la Hollande , nous préſentent aujourd'hui des preuves ſenſibles de la vérité de ces remarques : les perſécutions ont fait perdre à la première une très-grande partie de ſes habitans, ce qui l'a conſidérablement affoiblie : la ſeconde ſe trouve preſque dépeuplée aujourd'hui , & cette dépopulation eſt cauſée principalement par cet établiſſement barbare & tyrannique, que l'on appelle l'*Inquiſition* ; établiſſement également outrageux à la Divinité & pernicieux à la Société humaine , & qui a fait d'un des plus beaux pays de l'Europe , une eſpèce de deſert. La troiſième enfin , au moyen d'une entière liberté de conſcience qu'elle offre à tout le monde, s'eſt conſidérablement augmentée au milieu même des guerres & des diſgraces : elle s'eſt élevée, pour ainſi dire , ſur les débris des autres Nations, & elle jouit d'un crédit & d'une proſpérité dont elle eſt redevable au nombre de ſes habitans qui lui ont apporté tout à la fois la force, le commerce & les richeſſes.

§. XXIII. Le grand nombre des habitans d'un pays en fait donc la principale force ; mais il faut d'ailleurs pour cela, que les citoyens ſoient formés de bonne heure au travail & à la vertu. Le luxe, la molleſſe & les plaiſirs énervent les forces du corps, en même tems qu'ils affoibliſſent le courage. Il faut donc qu'un Prince qui veut trouver dans ſes ſujets de bonnes troupes & mettre l'Etat militaire ſur un bon pied, prenne de bonnes meſures à cet égard, qu'il veille ſoigneuſement à l'éducation de la jeuneſſe, qu'il établiſſe une bonne diſcipline, qu'il procure à ſes ſujets les moyens de ſe former aux exercices du corps, & qu'il ne permette pas que le luxe & les plaiſirs leur donnent des mœurs efféminées & amolliſſent leur courage.

§. XXIV. Enfin, un des moyens le plus efficace pour avoir de bonnes troupes, c'eſt de leur faire obſerver l'ordre & la diſcipline militaire, avec tout le ſoin & l'exactitude poſſibles, ſur tout d'apporter une attention particulière à ce que les ſoldats ſoient payés exactement, de faire prendre

soin de ceux qui sont malades & de leur
fournir les secours dont ils ont besoin ; &
enfin d'entretenir parmi eux la connoissance
de la Religion & des devoirs qu'elle pres-
crit, en leur procurant les moyens de s'ins-
truire là-dessus. Telles sont les principales
maximes que la bonne politique présente
aux Souverains, & au moyen desquelles ils
peuvent raisonnablement espérer de trouver
toujours dans le corps des citoyens de
bonnes troupes disposées à combattre vaillamment dans l'occasion pour la défense de
la patrie.

CHAPITRE II.

Des Causes de la Guerre.

§. I. SI la Guerre est quelquefois per-
mise & même nécessaire, ainsi
que nous venons de l'établir, ce n'est que
pour de justes raisons, & seulement à condition que celui qui l'entreprend se propose
d'en venir par ce moyen à une paix solide
& durable. La guerre peut donc être ou
juste ou injuste, selon la cause qui l'a
produite.

§. II. La guerre eſt juſte ſi elle ſe fait pour de juſtes raiſons ; elle eſt injuſte ſi elle eſt faite ſans cauſe, ou du moins ſans une cauſe juſte & ſuffiſante.

§. III. Pour rendre la choſe plus ſenſible, on peut diſtinguer avec Grotius entre les raiſons juſtificatives & les motifs de la guerre. Les premières ſont celles qui rendent en effet, ou qui paroiſſent rendre la guerre juſte, par rapport à l'ennemi ; enſorte qu'on croit ne lui faire aucun tort en prenant les armes contre lui : les motifs, ce ſont les vues d'intérêt qui nous déterminent à déclarer la guerre. Ainſi dans la guerre d'*Alexandre* contre *Darius*, la raiſon juſtificative dont le premier ſe ſervoit, étoit qu'il vouloit venger les injures que les Grecs avoient reçues des Perſes : les motifs étoient, l'ambition, la vanité & l'avarice de ce conquérant, qui ſe portoit d'autant plus volontiers à prendre les armes, que les expéditions de Xenophon & d'Agesilas lui faiſoient concevoir une grande eſpérance de réuſſir aiſément. La raiſon juſtificative de la ſeconde guerre punique, fut le démêlé au ſujet de la ville de Sagonte : le motif en étoit l'indignation des Carthaginois, de ce que les Romains leur avoient extorqué des conditions onéreuſes dans le tems que la fortune ne leur étoit pas favorable & l'encouragement que leur donnoit le bon ſuccès de leurs armes en Eſpagne.

§. IV. Dans une guerre innocente à tous égards & parfaitement juſte , il faut non-ſeulement que la raiſon juſtificative ſoit légitime , mais encore qu'elle ſe confonde avec le motif, c'eſt-à-dire, que l'on n'entreprenne la guerre que par la néceſſité où l'on ſe voit réduit de ſe défendre contre les inſultes d'autrui, de ſe faire rendre ce qui nous eſt inviolablement dû , ou d'obtenir la réparation d'une injure manifeſte.

§. V. Ainſi une guerre peut être vicieuſe ou injuſte à l'égard de ſes cauſes, en quatre manières.

1°. Lorſqu'on l'entreprend ſans aucune raiſon juſtificative, ni aucun motif d'utilité tant ſoit peu apparente ; mais ſeulement par une fureur inſenſée & brutale, qui fait aimer le ſang & le carnage pour lui-même. Mais on peut douter raiſonnablement ſi l'on peut trouver aucun exemple d'une guerre ſi barbare.

§. VI. 2°. Lorſqu'on attaque les autres uniquement pour ſon propre intérêt, ſans qu'ils nous ayent fait aucun tort , c'eſt-à-dire à-dire , lorfque l'on manque de caufes juftificatives , & ces fortes de guerres font par rapport à l'aggreffeur de véritables brigandages.

§. VII. 3°. Lorfqu'on a des motifs fondés fur des caufes juftificatives , mais qui n'ont qu'une équité apparente , & qui étant bien examinées, fe trouvent au fond illégitimes.

§. VIII. 4°. Enfin on peut encore dire que la guerre eft injufte, lorfqu'ayant de bonnes raifons juftificatives, on l'entreprend cependant par d'autres motifs qui n'ont aucun rapport avec le tort que l'on a reçu , comme pour acquerir une vaine gloire, pour étendre fa domination, &c.

§. IX. De ces quatre fortes de guerres, dont l'entreprife renferme quelque injufti- ce, la troifième & la dernière font très- communes ; car il n'y a guére de nations affez barbares pour prendre les armes fans alléguer quelque efpèce de raifons juftifi- catives. Il n'eft pas bien difficile de dé- ouvrir l'injuftice de la troifième : pour la quatrième, quoique peut - être très - com- mune , elle n'eft pas tant injufte en elle- même , que par rapport aux vues & aux difpofitions de celui qui la fait : mais il eft

bien difficile de l'en convaincre, les motifs étant d'ordinaire impénétrables, ou
du moins la plûpart des gens prenant
beaucoup de soin pour les cacher. †

§. X. On peut conclure des principes que
nous venons d'établir, que toute guerre
juste doit se faire ou pour nous conserver & pour nous défendre contre les insultes de ceux qui tâchent de nous faire du
mal dans nos personnes, ou de nous enlever
ou de détruire ce qui nous appartient, ou
pour contraindre les autres à nous rendre
ce qu'ils nous doivent en vertu d'un droit
parfait que l'on a de l'exiger d'eux ; ou
enfin, pour obtenir la réparation du dommage qu'ils nous ont causé injustement &
pour leur faire donner des suretés, à l'abri
desquelles on n'ait rien à craindre de leur
part pour l'avenir.

§. XI. On comprend assez par là quels
peuvent être les sujets de la guerre : mais
pour donner plus de jour à cette matière,
indiquons ici quelques exemples des principales causes injustes d'une guerre.

1º. Ainsi, par exemple, pour avoir un

---

† *Voyez l'explication de ces Principes dans Buddeu.*
Jurisprud. Hist. Specim. §. 82. & suiv.

juſte ſujet de guerre, il ne ſuffit pas que l'on craigne la puiſſance d'un voiſin qui va en s'augmentant ; tout ce que l'on peut faire dans ces circonſtances, c'eſt de chercher à ſe procurer des ſuretés innocemment & à ſe mettre en état de défenſe ; mais les actes d'hoſtilité ne ſont permis que lorſqu'ils ſont néceſſaires, & ils ne ſont nullement néceſſaires, auſſi long-tems qu'on n'eſt point aſſuré d'une certitude morale que celui que l'on craint, a non ſeulement le pouvoir, mais encore la volonté de nous attaquer. On ne peut pas, par exemple, déclarer la guerre avec juſtice à un voiſin, par la ſeule raiſon qu'il fait bâtir ſur ſes terres des citadelles ou travailler à quelques fortifications dont il pourroit quelque jour ſe ſervir contre nous.

§. XII. 2°. La ſeule utilité ne donne pas non plus le même droit que la néceſſité, & elle ne ſuffit pas pour rendre une guerre légitime : c'eſt ainſi, par exemple, qu'on ne peut pas prendre les armes légitimement pour s'emparer de quelque endroit qui eſt à notre bienſéance & propre à couvrir nos frontières.

§. XIII. 3°. Il faut dire la même choſe de l'envie de changer de demeure & de quitter des marrais, des deſerts, pour s'établir dans un pays plus fertile.

4°. Il n'eſt pas moins injuſte d'attenter ſur les droits & la liberté d'un peuple, ſous pretexte qu'il n'a ni autant d'eſprit ni des mœurs auſſi policées que nous. C'étoit donc mal à propos que les Grecs traitoient les barbares comme des gens qui étoient naturellement leurs ennemis, à cauſe de la diverſité de leurs mœurs, & peut-être parce qu'ils ne paroiſſoient pas avoir autant d'eſprit qu'eux.

§. XIV. 5°. Ce ſeroit auſſi une guerre manifeſtement injuſte, que de prendre les armes contre un peuple pour le réduire ſous ſon obéïſſance, ſous le prétexte qu'il conviendroit à ce peuple de nous avoir pour maître. De cela ſeul, qu'une choſe eſt avantageuſe à quelqu'un, il ne s'enſuit pas de là qu'on puiſſe le contraindre à s'y ſoumettre. Quiconque a l'uſage de la raiſon doit avoir la liberté de choiſir lui - même ce qu'il croit lui être avantageux.

§. XV. Il faut encore remarquer ici que les devoirs que les Nations doivent pratiquer les unes envers les autres, ne ſont pas tous d'une même obligation, & que leur manquement à cet égard ne donne pas toujours un juſte ſujet de guerre. Il y a par rapport aux Nations , tout comme par rapport aux particuliers , des devoirs d'une obligation rigoureuſe & parfaite , dont la violation emporte *un tort & une injure proprement dite* , & des devoirs d'une obligation imparfaite , qui ne produiſent pour autrui qu'un droit imparfait & non rigoureux. Et comme on ne peut pas de citoyen à citoyen avoir recours aux Juges pour ſe faire rendre ce qui nous eſt dû de cette ſeconde manière , on ne peut pas non plus de Puiſſance à Puiſſance y contraindre par les armes.

§.XVI. Il faut pourtant excepter de cette régle les cas de néceſſité dans leſquels le *Droit imparfait* ſe change en *Droit parfait ;* de ſorte qu'alors le refus de celui qui ne veut pas s'acquiter envers nous de ce qui nous eſt dû , nous fournit un juſte ſujet de guerre ; mais hors de là , toute guerre entrepriſe pour cauſe d'un refus de ce à quoi on n'eſt tenu que par les loix de l'humanité, eſt une guerre injuſte.

§. XVII. Pour faire l'application de ces principes , expoſons quelques exemples. Le droit de paſſer ſur les terres d'autrui eſt effectivement fondé ſur l'humanité , lorſ-

qu'on ne veut fe fervir de cette permiffion
que pour un fujet légitime, comme fi des
gens chaffés de leur pays veulent s'établir
ailleurs ; ou fi l'on entreprend une guerre
jufte, & que pour la faire, il foit néceffaire de paffer fur le territoire d'un peuple
neutre &c. Mais ce n'eft là qu'un devoir
d'humanité qui n'eft pas dû à autrui, en
vertu d'un droit parfait & rigoureux &
dont le refus ne fçauroit autorifer une Nation à employer la force des armes pour
l'obtenir.

§. XVIII. Cependant *Grotius*, en examinant cette queftion, prétend non feulement „ qu'on eft obligé d'accorder le
„ paffage fur les terres à une petite troupe
„ de gens fans armes, & dont par confé-
„ quent on n'a rien à craindre, mais en-
„ core qu'on ne fçauroit le refufer à une
„ armée nombreufe, nonobftant la jufte
„ appréhenfion que l'on peut avoir que ce
„ paffage ne nous caufe quelque mal confi-
„ dérable, ou de fa part, ou de la part
„ de ceux contre qui elle marche, pourvu
„ néanmoins, ajoute *Grotius*,

„ 1°. Que l'on demande ce paffage pour
„ un jufte fujet; 2°. Qu'on le demande
„ premièrement avant que d'entreprendre
„ de paffer par force.

§. XIX. Cet Auteur prétend donc , que dans ces circonſtances le refus autoriſe à en venir aux voies de fait , & que l'on peut légitimement ſe procurer par la force ce que l'on n'a pas pu obtenir de bonne grace , & cela lors même qu'il y auroit d'ailleurs d'autres chemins par où l'on pourroit paſſer. Il ajoute „ que ce que l'on „ pourroit avoir à craindre en permettant „ le paſſage à un grand nombre de gens „ armés , n'eſt pas une raiſon ſuffiſante „ pour s'en diſpenſer , parce qu'à cet égard „ on peut prendre de bonnes précautions. „ Ce que l'on peut craindre d'ailleurs de la „ part de celui contre qui marche l'autre , „ n'eſt pas non plus un juſte ſujet de refus, „ ſi ce dernier a un juſte ſujet de faire la „ guerre.

§. XX. Grotius fonde ſon ſentiment ſur cette raiſon ; c'eſt que l'établiſſement de la propriété ne s'eſt fait que ſous la réſerve tacite du droit de ſe ſervir dans le beſoin du bien d'autrui , tant que cela ſe pourroit faire , ſans que le propriétaire en reçût aucune incommodité.

§. XXI. Mais je ne ſçaurois entrer dans le ſentiment de cet illuſtre politique ; car 1°. quoi que l'on puiſſe dire , il eſt inconteſtable que le droit de paſſer ſur le territoire d'autrui, n'eſt point un droit parfait & dont on puiſſe exiger l'exécution à la rigueur ; ſi un particulier n'eſt point obligé de laiſſer paſſer un autre particulier ſur ſes terres, à plus forte raiſon une Nation peut - elle refuſer le paſſage à l'armée d'un autre, tant qu'il n'y a point de convention entr'elles là-deſſus.

§. XXII. 2°. Les grands inconvéniens qui peuvent ſuivre d'une telle permiſſion autoriſent ici le refus : en effet en accordant le paſſage, on court riſque de faire de ſon propre pays le théatre de la guerre : d'ailleurs ſi celui à qui on accorde le paſſage eſt repouſſé, & a enfin du deſſous, quelque juſtes raiſons qu'il ait de faire la guerre à ſon ennemi, celui-ci ne ſe vengera·t-il point de ce qu'il n'a pas tenu à nous que ſon ennemi ne l'accablât? Comme l'on ſuppoſe ici que l'on vit ſur le pied d'ami avec l'un & l'autre des Princes qui ſe font la guerre, on ne ſçauroit favoriſer l'un au préjudice de l'autre, ſans donner ſujet au dernier de nous regarder comme ſes ennemis, & ſans manquer par là à ce qu'on lui doit en qualité d'ami. En vain diſtingüeroit-on ici entre une güerre juſte & injuste, prétendant que la dernière donne droit de refuser le passage, mais que la première met dans l'obligation de l'accorder ; cette distinction n'enlève point la difficulté ; car outre qu'il n'est pas toujours facile de décider si une guerre est juste ou injuste, il y a de la témérité à vouloir se rendre, pour ainsi dire, l'arbitre de deux ennemis & à se mêler de leurs différens.

§. XXIII. 3°. Mais n'a-t-on rien à craindre de la part des troupes mêmes à qui l'on accorde le passage ? Les partisans de l'opinion contraire en tombent d'accord, & c'est pour cela qu'ils veulent que l'on prenne bien ses précautions ; mais quelques précautions que l'on puisse prendre, il n'y en a point qui puissent nous mettre à l'abri de tout événement, & il y a des maux & des pertes irréparables. Des gens qui ont les armes à la main se laissent aller aisément à la tentation d'en abuser, & de commettre des violences, sur tout s'ils sont en grand nombre, & qu'ils trouvent l'occasion de faire quelque gain considérable. Combien de fois n'a-t-on pas vu des armées étrangères, ravager & s'approprier même les États d'un peuple qui les avoit appellés à son secours, sans que les traités & les fer-

mens les plus folemnels ayent été capables
de les détourner d'une fi noire perfidie ? *
Que ne doit-on pas appréhender de ceux qui
ne font pas dans des engagemens fi étroits ?

§. XXIV. 4°. Difons encore, & c'eft ici
une remarque importante en politique, que
prefque tous les Etats ont ceci de commun;
c'eft que plus on avance dans le cœur du
pays, plus on pénétre dans l'intérieur, &
plus on le trouve foible & defarmé. Les
Carthaginois, ailleurs invincibles, furent
vaincus près de Carthage par AGATOCLE's
& par SCIPION. HANNIBAL difoit qu'on ne
pouvoit furmonter les Romains que dans
l'Italie : c'eft donc une chofe bien périlleufe
que de laiffer épier ces myftères à une mul-
titude d'étrangers, qui ayant les armes à
la main, peuvent profiter de notre foibleffe
& nous faire repentir de notre imprudence.

§. XXV. 5°. Ajoutez à cela, que dans
un Etat il y a prefque toujours des efprits
mutins & remuans, qui font capables de
folliciter l'étranger, ou contre leurs concitoyens ou contre leur Souverain même,
ou enfin contre leurs voifins. Toutes ces
raifons font affez fentir que quelques pré-

* Voyez *Juft. Liv. IV. C.* 4. & 8, & *Tite Live*
Liv. VII. Chap. 38.

cautions qu'on puiffe prendre , elles ne fçauroient mettre à l'abri des plus grands dangers.

6°. Enfin on peut encore ajouter à tout ce que l'on vient de dire , l'exemple d'une infinité de peuples qui ont été très-mal re-compenfés de la facilité qu'ils ont eue de laiffer paffer des troupes étrangères par leur pays.

§. XXVI. Finiffons l'examen de cette queftion par deux remarques. La première c'eft qu'il paroît par tout ce que l'on vient de dire, que c'eft ici une affaire de pru-dence, & que quoique l'on ne foit pas obli-gé de donner paffage à une armée étran-gère , & que le plus fûr foit de le refufer, cependant fi l'on ne fe fent pas affez fort pour réfifter à la violence de celui qui veut paffer à quelque prix que ce foit , ou que par là on s'attire infailliblement fur les bras une fàcheufe guerre , il faut fans contredit accorder alors le paffage , & la néceffité, où l'on fe trouve réduit, doit être une juftification fuffifante auprès du Prince chez qui la guerre va être portée au travers de nos Etats.

§. XXVII. Ma feconde remarque , c'eft que fi l'on fuppofe d'un côté une juftice

& une néceffité évidente dans la guerre que veut entreprendre celui qui demande le paffage par notre territoire ; & de l'autre, que l'on n'ait rien à craindre foi-même de la part de celui contre qui on marche, on fe trouve alors dans une obligation indifpenfable de donner paffage ; car fi la loi de nature oblige chacun à fecourir ceux qu'on voit manifeftement opprimés, quand on peut le faire fans beaucoup de péril & avec efpérance de fuccès, à plus forte raifon ne doit-on porter aucun obftacle à ce qu'ils entreprennent pour fe défendre.

§. XXVIII. C'eft en fuivant les mêmes principes que nous venons d'établir, qu'il faut juger du droit de tranfporter fes marchandifes par le territoire d'autrui : ce n'eft tout de même qu'un droit imparfait & un devoir d'humanité qui nous oblige de l'accordèr aux autres, dont l'obligation n'eft pas rigoureufe & dont le refus ne fçauroit donner un jufte fujet de guerre.

§. XXIX. A la vérité, les loix de l'humanité obligent indifpenfablement à laiffer paffer des marchandifes étrangères, qui font abfolument néceffaires à la vie, que notre voifin ne peut pas fe procurer par lui-même & que nous ne pouvons pas nous-mêmes lui fournir ; mais à cela près, on peut avoir de bonnes raisons d'empêcher que des marchandises étrangères ne passent sur notre territoire pour aller ailleurs. Un trop grand abord d'étrangers est quelquefois préjudiciable à l'Etat ; & d'ailleurs, pourquoi un Souverain ne procureroit-il pas à ses propres sujets le gain que feroient les étrangers, à la faveur du passage qu'il leur accorderoit ?

XXX. Bien entendu qu'il n'y a rien de contraire à l'humanité, d'imposer quelques droits d'entrée ou de sortie sur les marchandises des étrangers, à qui l'on accorde le passage. C'est un juste dédommagement des frais que l'on est obligé de faire pour l'entretien des chemins publics, des ports, des ponts &c.

§. XXXI. Il faut raisonner de la même manière sur le Commerce en général entre les différens Etats. J'en dis autant du droit de prendre des femmes chez ses voisins, un refus de leur part ne sçauroit autoriser à leur déclarer la guerre.

§. XXXII. Ajoutons ici quelque chose des guerres entreprises pour cause de Religion. La loi naturelle qui permet à l'homme de défendre fa vie, fes biens & tous les autres avantages dont il jouit, contre les attaques d'un agreffeur injufte, lui accorde fans contredit le pouvoir de fe défendre contre ceux qui voudroient, pour ainfi dire, lui enlever par force fa Religion, en l'empêchant de faire profeffion de celle qu'il croit la meilleure, ou en le contraignant d'embraffer celle qu'il croit être fauffe.

§. XXXIII. En effet, la Religion eft un des plus grands biens de l'homme, elle renferme fes intérêts les plus confidérables; quiconque cherche à le traverfer à cet égard, fe déclare fon ennemi, & par conféquent on peut juftement fe fervir contre lui de la force des armes pour repouffer l'injure, & fe mettre à couvert du mal qu'il veut nous faire. Il eft donc permis & même jufte de prendre les armes, lorfqu'on fe voit attaqué pour caufe de Religion.

§. XXXIV. Mais s'il eft permis de fe défendre pour caufe de Religion, il n'eft pas permis de faire la guerre pour étendre celle dont nous faifons profeffion, & pour contraindre ceux qui ont à cet égard des fentimens & des pratiques différentes; l'un eft une fuite néceffaire de l'autre :

il n'eſt pas permis d'attaquer celui qui eſt en droit de ſe défendre. Si la guerre défenſive eſt juſte, l'offenſive eſt néceſſairement criminelle. La nature même de la Religion ne permet pas que l'on emploie des moyens violens pour ſa propagation; elle conſiſte dans les ſentimens intérieurs de l'ame. Le droit des hommes à cet égard par rapport aux autres, c'eſt de les éclairer, de les inſtruire & d'employer pour cela la voie d'une douce & forte perſuaſion. Il faut perſuader les hommes & non les égorger; en uſer autrement, c'eſt exercer contr'eux un brigandage d'autant plus criminel, qu'on cherche à s'autoriſer, par le prétexte le plus ſaint: il n'y a donc pas moins de folie que d'impiété dans un pareil procédé.

§. XXXV. En particulier rien n'eſt plus contraire à l'eſprit du Chriſtianiſme, que d'employer la force des armes pour ſa propagation. Jeſus - Chriſt, notre divin Maître, a enſeigné les hommes, & n'a point uſé de violence contr'eux; les Apôtres ont conſtamment ſuivi ſon exemple, & l'énumération que fait Saint Paul des armes qu'il emploie pour la converfion des hommes, est une belle leçon pour les chrétiens (1).

§. XXXVI. Bien loin qu'une simple différence de sentimens en matière de Religion, fourniffe un jufte fujet de pour-fuivre par les armes, ou d'inquiéter de moins du monde ceux que l'on croit dans l'erreur, il eft certain au contraire que ceux qui en ufent ainfi, fournissent aux autres hommes un jufte fujet de leur faire la guerre, & de défendre ceux qu'ils oppriment injuftement. On propofe là-deffus cette queftion à examiner; fça-voir : *Si les Princes proteftans ne pour-roient pas en bonne confcience fe liguer pour détruire l'Inquifition, & pour obli-ger les Puiffances qui la fouffrent dans leurs Etats à défarmer cette cabale, fans laquelle le Chriftianifme gémit depuis fi long-tems, & qui, fous un faux prétexte de zéle & de piété, exerce la tyrannie la plus horrible & la plus contraire à la nature humaine ?* Quoi qu'il en foit, il eft du moins certain que jamais Héros n'au-roit dompté des monftres plus furieux,

(1) *Voyez*, II. Corinth. Ch. VI. v. 4. & *fuiv.* & *Chap.* X. v. 4.

ni plus funestes au genre humain , que celui qui viendroit à bout de purger la terre de ces ames scélérates qui abusent si impudemment & si cruellement du beau prétexte de la Religion , pour avoir de quoi vivre dans une molle oisiveté , & pour tenir dans leur dépendance les Souverains aussi bien que les Sujets.

§. XXXVII. Voilà les principales remarques qui se présentent sur les causes de la guerre. Disons à présent que comme on ne doit pas entreprendre la guerre, qui par elle-même est un très-grand mal , que pour parvenir à une paix solide, il est encore d'une nécessité absolue de consulter les régles de la prudence avant que de l'entreprendre , quelque juste sujet que l'on en ait d'ailleurs. Il faut peser exactement avant toutes choses le bien ou le mal , qui peut vraisemblablement nous en revenir ; car s'il y a lieu de craindre en faisant la guerre , qu'on attire sur soi ou sur les siens des maux plus grands que le bien qu'on en pourroit espérer , il vaut mieux sans doute · dissimuler l'injure que de s'exposer à des maux plus considérables que celui-là même dont on veut poursuivre la réparation par les armes.

§. XXXVIII. Dans ces circonſtances, on peut légitimement entreprendre la guerre, non ſeulement pour ſoi-même, mais encore pour autrui ; pourvu, 1°. que celui en faveur de qui on s'engage, ait un juſte ſujet de prendre les armes, & que d'ailleurs on ait avec lui quelque liaiſon qui nous autoriſe à traiter en ennemis des perſonnes qui ne nous ont fait à nous-mêmes aucun tort.

§. XXXIX. Or entre ceux que l'on peut & que l'on doit même défendre, il faut mettre au premier rang ceux qui dépendent du défenſeur, c'eſt-à-dire les Sujets de l'Etat ; car c'eſt principalement en vue de cette protection que les hommes auparavant indépendans ſont entrés dans des Sociétés civiles : c'eſt ainſi que les *Gabaonittes* s'étant ſoumis à la domination du peuple d'Iſraël, ce peuple prit les armes pour eux ſous la conduite de Joſué. Les Romains en ont uſé ſouvent de cette manière ; bien entendu que les Souverains doivent obſerver dans ces cas-là, la maxime que nous venons d'établir ci-deſſus §. XXXVII. Ils doivent prendre garde en prenant les armes pour quelques-uns de leurs Sujets, de ne pas attirer un mal plus fâcheux fur tout le corps de l'Etat : le devoir du Souverain regarde premièrement & principalement l'intérêt du *tout*, plutôt que celui d'une *partie*, & plus une partie eft grande, plus elle approche du tout.

§. XL. 2°. Après les Sujets viennent les Alliés, aufquels on s'eft engagé expreffément par un Traité de donner du fecours dans le befoin, foit qu'ils fe foient mis fous notre protection comme fe reconnoiffant inférieurs, foit qu'on ait fimplement ftipulé du fecours d'une part, ou bien de part & d'autre.

§. XLI. Bien entendu que la guerre doit être de la part de notre allié une guerre jufte ; car on ne fçauroit s'engager innocemment à donner du fecours à quelqu'un dans une guerre qui feroit manifeftement injufte : ajoûtons que l'on peut même fans préjudice du traité, défendre fes fujets préférablement à fes alliés, quand il n'y a pas moyen de les fecoutir les uns & les autres en même tems ; car les engagemens d'un Etat envers fes citoyens, l'emportent toujours fur ceux où il entre envers tout étranger.

§. XLII. Pour ce que dit GROTIUS,

que l'on n'eſt pas obligé de donner du
ſecours à un allié, lorſqu'il n'y a aucune
eſpérance de bon ſuccès, il faut l'entendre de cette manière. Que ſi l'on voit
évidemment que nos forces jointes enſem-
ble ne ſont pas en état de tenir tête à
notre ennemi, & que notre allié pouvant s'accorder avec lui à des conditions
ſupportables, ne laiſſe pas de vouloir cou-
rir à une ruine certaine, nous ne ſommes
point obligés par le traité d'alliance à
nous expoſer à périr ſans reſſource, en
voulant ſeconder ſes foibles efforts ; car
d'ailleurs les alliances deviendroient inu-
les, ſi en vertu de cette union on n'étoit
pas obligé de s'expoſer à quelque péril,
ou à quelque perte pour ſecourir un
allié.

§. XLIII. Enfin, on demande encore
ſi pluſieurs de nos alliés ont beſoin de
notre ſecours, lequel doit être ſecouru le
premier & préférablement aux autres ?
GROTIUS répond, que lorſque deux alliés
ſe font la guerre injuſtement de part &
d'autre, il ne faut ſecourir aucun des
deux ; mais ſi la cauſe d'un allié eſt légitime, il faut lui donner du ſecours,
non ſeulement contre des étrangers, mais

encore contre un autre de nos alliés, à moins qu'il n'y ait dans le traité quelque clause expresse qui ne nous permette pas de prendre la défense du premier contre le dernier, quoique celui - ci ait tort. Que si enfin plusieurs de nos alliés se liguent ensemble contre un ennemi commun, ou bien s'ils font la guerre séparément contre des ennemis particuliers, il faut leur donner à tous du secours également & conformément aux traités ; mais lorsqu'il n'y a pas moyen de les assister tous en même tems, alors il faut donner la préférence à l'allié le plus ancien.

§. XLIV. 3°. Les amis, c'est-à-dire, ceux avec qui on est uni par une bienveillance & une affection particulière, tiennent ici le troisième rang ; car quoiqu'on ne leur ait pas promis certains secours déterminés par un traité formel, l'amitié emporte par elle-même un engagement réciproque de se secourir autant que le permettent des obligations plus étroites, & cela avec plus d'empressement que ne le demande la simple liaison de l'humanité.

§. XLV. Je dis que l'on peut prendre

les armes pour ſes amis qui font une guerre juſte; car on n'eſt pas à cet égard dans une obligation rigoureuſe , & cela ſe doit entendre ſous cette condition, ſi on peut le faire aiſément & ſans s'incommoder beaucoup ſoi-même.

§. XLVI. 2°. Diſons enfin que la ſeule liaiſon d'humanité qui eſt entre les hommes , en conſéquence de leur nature commune & de la Société , & qui forme la liaiſon la plus étendue, ſuffit pour autoriſer à ſecourir ceux qui ſont opprimés injuſtement, pourvu du moins que l'injuſtice ſoit conſidérable & manifeſte , & que l'offenſé nous appelle lui-même à ſon ſecours , enſorte que nous agiſſions plutôt en ſon nom que de notre chef ; ſur quoi néanmoins il faut encore faire cette remarque, c'eſt qu'à la vérité l'on a le droit de ſecourir les opprimés par la ſeule raiſon de l'humanité ; mais que l'on n'eſt pourtant pas dans une obligation rigoureuſe à cet égard. Ce n'eſt ici qu'un devoir d'une obligation imparfaite , & qui n'oblige qu'autant qu'on peut le mettre en pratique , ſans ſe cauſer à ſoi-même un mal conſidérable : car toutes choſes d'ailleurs égales , l'on peut & l'on doit même préférer ſa conſervation à celle d'autrui.

§. XLVII. Mais peut-on entreprendre une guerre en faveur des sujets d'un Prince, pour les délivrer de l'oppreſſion de leur Souverain, & par le ſeul principe de l'humanité ? Je réponds que cela n'eſt permis que dans les cas où la tyrannie eſt montée à un tel point, que les ſujets eux-mêmes peuvent légitimement prendre les armes pour ſecouer le joug d'un Tyran qui les opprime, ſelon les principes que nous avons établis ci-devant.

§. XLVIII. Il eſt vrai que depuis l'établiſſement des Sociétés civiles, le Souverain a acquis un droit tout particulier ſur ſes ſujets, en vertu duquel il peut les punir ſans qu'aucune autre Puiſſance doive ſe mêler de ce qui ſe paſſe chez lui ; mais il n'eſt pas moins certain que ce droit a ſes bornes, & qu'il ne peut être exercé légitimement que lorſque les ſujets ſont véritablement coupables, ou que du moins leur innocence eſt douteuſe ; alors la préſomption doit être effectivement en faveur du Souverain, & une Puiſſance étrangère n'a pas le droit de ſe mêler de ce qui ſe paſſe dans un autre Etat.

§. XLIX. Mais enfin, ſi la tyrannie eſt venue à ſon comble, ſi l'oppreſſion eſt toute

manifeste, comme lorſqu'un BUSIRIS ou
un PHALARIS maltraitent leurs ſujets à outrance & d'une manière à être condamnés
par toute perſonne raiſonnable, on ne ſçauroit refuſer à ces ſujets ainſi opprimés, la
protection des loix de la Société humaine.
Tout homme en tant qu'homme, a droit
d'exiger que les autres le ſecourent dans le
beſoin, & chacun y eſt obligé, lorſqu'il le
peut, par les loix de l'humanité. Or il eſt
certain qu'on ne renonce point à ces loix,
& même qu'on ne peut y renoncer en entrant dans une Société civile : cette Société
ne ſçauroit s'établir au préjudice des loix
de l'humanité ; on peut bien être cenſé
s'être engagé à ne pas implorer le ſecours
des étrangers pour de légères injures, ou
même pour des grandes qui ne tombent
que ſur peu de perſonnes.

Mais lorſque tous les ſujets, ou une
grande partie, gémiſſent ſous l'oppreſſion
d'un tyran, les ſujets d'un côté rentrent
dans tous les droits de la liberté naturelle qui les autoriſe à chercher du ſecours
où ils peuvent en trouver ; & de l'autre,
ceux qui ſont en état de leur en donner
ſans s'incommoder eux-mêmes conſidérablement, peuvent non ſeulement, mais

doivent travailler de toutes leurs forces à délivrer les opprimés, par cette seule raison qu'ils font hommes & membres de la Société humaine dont les Sociétés civiles font partie.

§. II. A la vérité, il paroît par l'hiſtoire ancienne & par l'hiſtoire moderne, que le deſir d'envahir les Etats d'autrui ſe couvre ſouvent de ſemblables prétextes ; mais le mauvais uſage que les hommes font d'une choſe, n'empêche pas toujours qu'elle ne ſoit juſte en elle-même : les corſaires vont ſur mer auſſi bien que tout autre navigateur ; les brigands portent l'épée comme toute autre perſonne. Voilà qui peut ſuffire ſur les différentes cauſes de la guerre.

CHAPITRE III.

Des différentes eſpèces de Guerre.

§. I. OUtre la diſtinction de la guerre, en celle qui eſt juſte & celle qui eſt injuſte, dont nous venons de parler, il y en a pluſieurs autres qu'il eſt à propos de conſidérer ici : & premièrement, on diſtingue la guerre en *Guerre offenſive* & en *Guerre défenſive.*

§. II. Les guerres défenſives ſont celles que l'on entreprend pour ſe conſerver & pour ſe défendre contre les inſultes de ceux qui tâchent de nous faire du mal en notre perſonne, ou de nous enlever & de détruire ce qui nous appartient. Les offenſives ſont celles au contraire qui ſe font pour contraindre les autres à nous rendre ce qu'ils nous doivent, en vertu d'un droit parfait que l'on a de l'exiger d'eux, ou pour obtenir la réparation du dommage qu'ils nous ont cauſé injuſtement & pour leur faire donner des ſuretés, à l'abri deſquelles on n'ait plus rien à craindre de leur part pour l'avenir.

§. III. 1º. Il faut donc prendre garde de ne pas confondre cette diſtinction avec la précédente, comme ſi toute guerre défenſive étoit juſte, & qu'au contraire toute guerre offenſive fût injuſte. C'eſt aujourd'hui la coutume d'excuſer les guerres les plus injuſtes, en diſant que ce ſont des guerres purement défenſives. Il y a des gens qui croient que toute guerre injuſte doit être appellée offenſive, ce qui n'eſt pas vrai; car s'il y a des guerres offenſives qui ſoient juſtes , comme on n'en ſçauroit douter, il y a donc des guerres défenſives qui ſont injuſtes , comme lorſ-que nous nous défendons contre un Prince qui a raiſon de nous attaquer.

§. I V. 2°. Il ne faut pas croire non plus, que celui qui le premier fait tort à un autre , commence par là une guerre offenſive , & que l'autre qui veut qu'on lui faſſe juſtice pour le tort qu'il a reçu , ſoit toujours ſur la défenſive. Il y a beau-coup d'injuſtices qui peuvent allumer une guerre , & qui ne ſont pourtant pas la guerre même , comme lorſqu'on a mal-traité les Ambaſſadeurs d'un Prince , qu'on a pillé ſes ſujets &c. Si donc on prend les armes pour venger une telle injuſtice , on commence une guerre offenſive , mais une guerre juſte , & le Prince qui a fait tort & qui ne veut pas le réparer , fait une guerre défenſive , mais injuſte. La guerre offen-ſive n'eſt donc injuſte que lorſqu'elle eſt entrepriſe ſans une cauſe légitime , & alors la guerre défenſive , qui dans d'autres occaſions pourroit être injuſte , devient juſte.

§. V. Il faut donc dire en général , que le premier qui prend les armes , ſoit qu'il le faſſe juſtement ou injuſtement, commence une guerre offenſive; & que celui qui s'oppoſe au premier, ſoit qu'il ait ou qu'il n'ait pas raiſon de le faire, commence une guerre défenſive. Ceux qui regardent le mot de guerre offenſive comme un terme odieux & qui renferme toujours quelque choſe d'injuſte, & qui conſidérent au contraire la guerre défenſive comme inſéparable de l'équité, brouillent toutes les idées & embarraſſent une matière qui paroît d'elle-même aſſez claire. Il en eſt ici des Princes comme des particuliers: le demandeur qui commence un procès, a quelquefois tort, mais auſſi quelquefois raiſon: il en eſt tout de même du défendeur; on a tort de ne vouloir pas payer une ſomme qui eſt juſtement due, comme on a raiſon de ſe défendre de payer ce qu'on ne doit pas.

§. V I. En troiſième lieu, GROTIUS diſtingue la guerre, en guerre *privée*, en guerre *publique* & en guerre *mixte*. Il appelle guerre *publique*, celle qui ſe fait de part & d'autre par autorité d'une Puiſſance civile; la guerre *privée*, c'eſt celle qui ſe fait de particulier à particulier & ſans autorité publique; & enfin la guerre *mixte* eſt celle qui ſe fait d'un côté par autorité publique, & de l'autre par de ſimples particuliers.

§. VII. On peut remarquer ſur cette diviſion, que ſi l'on prend le mot de guerre dans le ſens le plus général & le plus étendu, & que l'on entende par là, *toute priſe d'armes qui a pour but de vuider une querelle*, par oppoſition à la manière de vuider un différent, en recourant à un Juge commun, alors cette diſtinction pourra être admiſe, mais l'uſage ſemble s'y oppoſer, & il a reſtreint la ſignification du mot de guerre, à celle qui ſe fait entre des Puiſſances ſouveraines. Dans une Société civile les particuliers n'ont pas le droit de faire la guerre ; & pour ce qui eſt de l'état de nature, nous avons déja parlé ailleurs du droit que les hommes ont dans cet état, pour la conſervation & pour la défenſe de leurs perſonnes & de leurs biens : ainſi, comme nous ne traitons ici que des droits des Souverains les uns à l'égard des autres, c'eſt proprement & uniquement de la *Guerre publique* dont nous avons à parler.

§. VIII. 4°. On diſtingue encore la guerre, en guerre *ſolemnelle ſelon le droit des gens* , & en guerre *non folemnelle.* Il faut deux chofes pour qu'une guerre foit folemnelle ; la première , qu'elle fe faffe par autorité du Souverain ; la feconde, qu'elle foit accompagnée de certaines formalités, comme d'une déclaration folemnelle &c. mais c'eft ce dont nous parlerons plus amplement dans la fuite. La guerre non folemnelle , eft celle qui fe fait ou fans avoir été déclarée dans les formes , ou fimplement contre des Particuliers. Nous nous contenterons d'indiquer ici cette divifion , renvoyant à l'examiner plus particuliérement , & à voir quels en peuvent être les effets, lorfque nous traiterons de ce qui a accoutumé de précéder la guerre.

§. IX. Examinons cependant ici une queftion qui a rapport à la matière : c'eft de fçavoir fi un Magiftrat , proprement ainfi nommé , a comme tel , le pouvoir de faire la guerre de fon chef ? GROTIUS répond ici , qu'à en juger indépendamment des loix civiles, tout Magiftrat femble avoir autant de droit en cas de réfiftance , de prendre les armes pour exercer fa jurifdiction, & faire exécuter fes ordres, que pour défendre le peuple qui eft confié à fes foins. PUFFENDORF, au contraire, prend la négative & critique la penfée de GROTIUS.

§. X. Mais il eft aifé de concilier ces deux Auteurs ; il n'y a proprement entr'eux qu'une difpute de mots ; GROTIUS attache au mot une idée plus vague & plus générale †. En conféquence, lorfqu'un Magiftrat fubalterne prend les armes pour maintenir fon autorité & pour mettre à la raifon ceux qui refufent de s'y foumettre, il eft cenfé le faire avec l'approbation du Souverain, qui, en lui confiant une partie du Gouvernement de l'Etat, l'a revêtu en même tems du pouvoir néceffaire pour l'exercer ; & ainfi, il s'agit uniquement de fçavoir fi tout Magiftrat, comme tel, a ici befoin *d'un ordre exprès* du Souverain ; enforte que la conftitution des Sociétés civiles en général le requiére ainfi, indépendamment des loix civiles de chaque Etat.

§. XI. Or, dans cet état des chofes, fi un Magiftrat peut ufer de la voie des armes pour mettre à la raifon une ou deux perfonnes, ou dix ou vingt qui ne veulent

---

† *Vide fupra*, §. *VII.*

pas lui obéïr, ou qui veulent l'empêcher d'exercer sa Jurisdiction, pourquoi ne pourroit-il pas se servir du même moyen contre cinquante, contre cent, contre mille &c. ? Plus le nombre sera grand, & plus il aura besoin de force pour vaincre leur résistance ; or c'est ce que GROTIUS comprend sous le nom de guerre.

§. XII. PUFFENDORF convient de tout cela dans le fond ; mais il prétend que ce pouvoir coactif qui appartient au Magistrat sur les sujets desobéïssans, ne fait pas une partie du droit de la guerre, toute guerre se faisant entre des égaux ou du moins entre ceux qui prétendent l'être. L'idée de PUFFENDORF est sans doute plus régulière & plus convenable à l'usage, mais il est bien évident que la différence qu'il y a entre lui & GROTIUS ne consiste que dans l'étendue plus ou moins grande que l'un & l'autre donnent au mot de guerre.

§. XIII. Si l'on dit qu'il peut être dangereux de laisser tout ce pouvoir à un Magistrat subalterne, cela peut être vrai ; mais cela prouve seulement qu'il est de la sagesse & de la prudence des Législateurs, de mettre des bornes à cet égard

au

au pouvoir des Magistrats, pour restrein-
dre ce qui autrement seroit une suite
néceflaire du but même pour lequel le
Magistrat est établi.

§. XIV. A l'égard de la guerre, proprement ainsi nommée, & qui se fait contre
un ennemi étranger; pour juger du pouvoir
des Magistrats ou Officiers des Souverains,
il ne faut que faire attention à l'étendue de
leur commiſſion : car il est inconteſtable
qu'ils ne sçauroient légitimement entreprendre quelque acte d'hoſtilité de leur
chef & sans un ordre formel du Souverain,
du moins raiſonnablement préſumé , en
conséquence des circonſtances dans lefquelles ils se rencontrent.

§. XV. Ainſi , par exemple , un Général
d'armée envoyé à une expédition avec
plein pouvoir de son maître , peut agir
contre l'ennemi offenſivement auſſi - bien
que défenſivement, & de la manière qu'il
jugera la plus avantageuse ; mais il ne sçauroit ni entreprendre une nouvelle guerre ,
ni faire la paix de son chef : que si son
pouvoir est limité, il ne doit jamais paſſer
les bornes qui lui ont été prescrites , à
moins que d'y être inévitablement réduit
par la nécessité de se défendre ; car tout

ce qu'il fait pour cela eſt cenſé fait de l'aveu même & par l'ordre du Souverain. Ainſi, ſuppoſé qu'un Amiral eût ordre de ſe tenir ſur la défenſive, il ne lui eſt pas pour cela défendu de pourſuivre & de foudroyer la flotte ennemie, pour la diſperſer ou pour la détruire s'il vient à en être attaqué, mais ſeulement il lui eſt défendu de l'aller chercher lui-même le premier.

§. XVI. En général les Gouverneurs des Provinces & des Villes, s'ils ont des troupes à leur diſpoſition, peuvent ſe défendre de leur propre autorité contre un ennemi qui les attaque ; mais ils ne doivent jamais porter la guerre dans quelqu'autre pays, ſans un ordre exprès de leurs Souverains.

§. XVII. Ce fut en vertu de ce privilége que donne la néceſſité, que LUCIUS PINARIUS Gouverneur d'*Enna en Sicile* pour les Romains, ſçachant avec certitude que les habitans tramoient de ſe ranger ſous l'obéiſſance de Carthage, fit main-baſſe ſur eux & ſauva ainſi la place ; mais hors ces cas-là les habitans d'une ville n'ont nul droit de prendre les armes pour ſe venger des injures dont le Prince néglige lui-même de tirer raiſon.

§. XVIII. Une ſimple préſomption de

la volonté du Souverain ne feroit pas même fuffifante pour difculper un Gouverneur ou tel autre Officier qui entreprendroit la guerre hors des cas de néceffité, fans aucun ordre ni général ni particulier : car ce n'eft pas affez de voir, dans telle ou telle fituation des chofes, quel parti on a lieu de croire que prendroit le Souverain fi on le confultoit ; mais il faut plutôt confidérer en général ce qu'il faudroit qu'on fît fans le confulter lorfqu'on a le temps ou que l'affaire eft douteufe : or fans contredit, le Souverain ne confentira jamais que fes Miniftres puiffent, toutes les fois qu'ils jugeront à propos, entreprendre fans fon ordre une affaire auffi capitale & d'une auffi grande importance qu'eft la guerre offenfive dont il eft ici queftion.

§. XIX. Ainfi dans ces circonftances, quelque parti que le Souverain lui-même eût trouvé à propos de prendre, s'il avoit été confulté, & quelque fuccès qu'ait pu avoir la guerre entreprife fans fes ordres, il eft toujours libre au Souverain de ratifier ou non l'entreprife de fon Miniftre. S'il la ratifie, cette approbation rend la guerre folemnelle par un effet rétroactif ; de forte que tout le corps de l'Etat en eft alors responsable ; mais si le Souverain desavoue l'action du Gouverneur, les actes d'hostilité que celui-ci a commencé d'exercer, doivent passer pour de purs brigandages dont la faute ne rejaillit en aucune manière sur l'Etat, pourvu que d'ailleurs on livre le Gouverneur ou qu'on le punisse suivant les loix du pays, en procurant autant qu'il est possible, la réparation du dommage qu'il a causé.

§. XX. Au reste on peut remarquer ici que dans les Sociétés civiles, lorsque quelqu'un des citoyens a fait du mal à quelque étranger, on s'en prend quelquefois à tout le corps de l'Etat ou à celui qui en est le chef, en telle sorte que l'on peut lui déclarer la guerre pour cela ; mais pour donner lieu à cette espéce d'imputation, il faut nécessairement supposer l'une de ces deux choses, ou que les Souverains ont souffert que l'on fît tort à l'étranger, ou qu'ils donnent retraite au coupable.

§. XXI. Sur le premier cas, il faut poser pour maxime qu'un Souverain qui ayant connoissance des crimes de ses sujets, comme, par exemple, qu'ils exercent la piraterie sur les étrangers, & qui d'ailleurs pouvant & devant l'empêcher ne le fait pas, se rend lui-même coupable, parce qu'il a consenti à l'action mauvaise qu'il laisse commettre, & fournit par conséquent un juste sujet de guerre.

§. XXII. Les deux conditions dont on vient de parler, je veux dire la connoissance & la tolérance du Souverain, sont absolument nécessaires, & l'une ne suffit pas sans l'autre ; or on présume qu'un Souverain sçait tout ce que ses sujets font tous les jours d'une manière ouverte & sans se cacher; pour le pouvoir d'empêcher le mal, on le présume aussi toujours, à moins que le Prince ne prouve clairement son impuissance.

§. XXIII. L'autre manière dont un Souverain se rend coupable par rapport au crime d'autrui, c'est lorsqu'il donne une retraite au coupable, & qu'il empêche ainsi qu'on ne le punisse. PUFFENDORF prétend là-dessus que si l'on est tenu de livrer le coupable qui s'est refugié chez nous, c'est plutôt en vertu de quelque traité fait là-dessus, qu'en conséquence d'une obligation commune & indispensable.

§. XXIV. Mais il me semble que c'est sans des raisons suffisantes, que PUFFENDORF a abandonné à cet égard le sentiment de Grotius, qui paroît mieux établi. Voici donc à quoi se réduisent les principes de ce dernier auteur sur cette question.

1°. Depuis l'établissement des Sociétés civiles, on a effectivement accordé à chaque Souverain qu'il seroit le seul qui eût droit de punir, comme il trouveroit à propos, les fautes de ses sujets qui intéressent proprement le corps dont ils sont membres.

§. XXV. 2°. Mais on ne leur a pas laissé un droit si absolu & si particulier à l'égard des crimes qui intéressent en quelque façon la Société humaine ; en telle sorte que par rapport à ces crimes, les autres Etats ou leurs Chefs ont droit d'en poursuivre la punition.

§. XXVI. 3°. A plus forte raison ont-ils ce droit, lorsqu'il s'agit des crimes par lesquels ils sont offensés d'une manière directe, & à l'égard desquels ils ont un droit parfait de punition pour le maintien de leur Société ou de leur honneur ; ainsi dans ces circonstances, l'Etat ou le chef de l'Etat chez qui un coupable étranger se retire, ne doit apporter, en tant qu'en lui est, aucun empêchement à l'exécution qui appartient à toute autre Puissance,

§. XXVII. 4°. Or comme un Prince ne permet pas ordinairement qu'un autre Prince envoie sur les terres des gens armés pour se saisir des criminels qu'il veut punir, (& cela aussi seroit sujet à de fâcheux inconvéniens), il faut nécessairement que le Souverain sur les terres duquel se trouve un coupable atteint & convaincu, fasse de deux choses l'une, ou qu'il punisse lui-même le coupable à la requisition du Souverain offensé, ou qu'il le remette entre les mains de celui-ci, pour qu'il le punisse ainsi qu'il le trouvera à propos; & c'est ce qu'on appelle livrer, & dont on trouve tant d'exemples dans l'histoire.

§. XXVIII. 5°. Les principes que l'on vient d'établir touchant l'obligation de punir ou de livrer, regardent non seulement les coupables qui ont toujours été sujets de l'Etat dans les terres duquel ils se trouvent, mais encore ceux qui après avoir commis quelque crime, sont venus se refugier dans le pays.

§. XXIX. 6°. Enfin il faut encore remarquer que le droit qu'ont les Puissances souveraines, de demander qu'on leur livre les criminels qui se sont sauvés de leurs terres, n'a lieu suivant l'usage établi depuis plufieurs fiécles dans la plus grande partie de l'Europe , qu'en matière de crime d'Etat ou de ceux qui font d'une énormité extrême. Pour les crimes moins confidéra-bles , on les diffimule de part & d'autre, à moins qu'on n'en foit autrement convenu par quelque traité particulier.

§. X X X. Outre toutes les efpéces de guerre dont on a parlé jufqu'ici , on peut encore les diftinguer en guerres *pleines & parfaites* & en guerres *imparfaites*. La guerre pleine & parfaite , eft celle qui rompt entièrement & à tous égards l'état de paix & de fociété , & qui donne lieu à tous les actes d'hoftilité quels qu'ils puif-fent être : la guerre imparfaite eft au con-traire celle qui ne rompt pas la paix à tous égards , mais pour de certaines chofes feule-ment , l'état de paix fubfiftant quant au furplus.

§. XXXI. C'eft à cette dernière efpéce de guerre que l'on rapporte communément les repréfailles , dont il eft à propos de trai-ter ici. On entend donc par les repréfailles , *cette efpéce de guerre imparfaite , ces actes d'hoftilité que les Souverains exercent les uns contre les autres, ou leurs fujets par leur confentement , en arrêtant ou les per-*

sonnes ou les effets des sujets d'un Etat qui a commis à notre égard quelque injuf- tice qu'il refuse de réparer, afin de nous procurer des sûretés à cet égard & pour l'en- gager à nous rendre justice ; & au cas qu'il persiste à nous la refuser, de nous la faire à nous-mêmes, l'état de paix subsistant quant au surplus.

§. XXXII. Grotius prétend que les représailles ne font point fondées fur un droit naturel & de nécessité, mais feule- ment fur une efpéce de droit des gens ar- bitraire, par lequel la plûpart des Nations font convenues entr'elles que les biens des fujets d'un Etat, feroient comme hypothé- qués pour ce que l'Etat ou le chef de l'Etat pourroient devoir, foit directement & par eux-mêmes, foit en tant que faute de rendre bonne justice, ils feroient rendus refpon- fables du fait d'autrui.

§. XXXIII. Mais ce n'eft point ici un droit arbitraire fondé fur un prétendu droit des gens, dont on ne fçauroit prouver l'exif- tence & dans lequel tout fe réduit à un ufage plus ou moins étendu, mais qui par lui-même n'a jamais force de loi : le droit dont il s'agit ici, eft une fuite de la confti- tution des Sociétés civiles, & une application des maximes du droit naturel à cette constitution.

§. XXXIV. Dans l'indépendance de l'état de nature, & avant qu'il y eût aucun Gouvernement, personne ne pouvoit s'en prendre qu'à ceux-là même de qui il avoit reçu du tort ou à leurs complices, parce que personne n'avoit alors avec d'autres une liaison en vertu de laquelle il pût être censé participer en quelque manière à ce qu'ils faisoient même sans sa participation.

§. XXXV. Mais depuis qu'on eut formé des Sociétés civiles, c'est-à-dire, des corps dont tous les membres s'unissent ensemble pour leur défense commune, il a nécessairement résulté de là une communauté d'intérêts & de volontés, qui fait que comme la Société ou les Puissances qui la gouvernent, s'engagent à se défendre chacun contre les insultes de tout autre, soit citoyen soit étranger, chacun aussi peut être censé s'être engagé à répondre de ce que fait ou doit faire la Société dont il est membre, ou les Puissances qui la gouvernent.

§. XXXVI. Aucun établissement humain, aucune liaison où l'on entre, ne sçauroit dispenser de l'obligation de cette

loi générale & inviolable de la nature,
qui veut que le dommage que l'on a caufé
à autrui foit réparé, à moins que ceux qui
font par-là expofés à en fouffrir, n'ayent
manifeftement renoncé au droit d'exiger
cette réparation : & lorfque ces fortes d'é-
tabliffemens empêchent à certains égards,
que ceux qui ont été léfés ne puiffent obtenir auffi aifément la fatisfaction qui leur
eft due, qu'ils l'auroient fait fans cela, il
faut réparer cette difficulté en fourniffant
aux intéreffés toutes les autres voies pof-
fibles de fe faire eux-mêmes raifon.

§. XXXVII. Or il eft certain que les
Sociétés ou les Puiffances qui les gouvernent, par cela même qu'elles font armées
des forces de tout le corps, font quelquefois
encouragées à fe moquer impunément des
étrangers qui viennent leur demander quelque chofe qu'elles leur doivent, & que
chaque fujet contribue d'une manière ou
d'autre à les mettre en état d'en ufer ainfi ;
de forte que par-là il peut être cenfé y
confentir en quelque forte : que s'il n'y
confent pas en effet, il n'y a pas après tout
d'autre manière de faciliter aux étrangers
léfés, la pourfuite de leurs droits devenue
difficile par la réunion des forces de tout le

corps, que de les autoriſer à s'en prendre à tous ceux qui en font partie.

§. XXXVIII. Concluons donc que par une ſuite même de la conſtitution des Sociétés civiles, chaque ſujet demeurant tel, eſt reſponſable par rapport aux étrangers, de ce que fait ou doit faire la Société ou le Souverain qui la gouverne, ſauf à lui de demander un dédommagement lorſqu'il y a de la faute ou de l'injuſtice de la part des ſupérieurs : que ſi quelquefois on eſt fruſtré de ce dédommagement, il faut regarder cela comme un des inconvéniens que la conſtitution des affaires humaines rend inévitables dans tout établiſſement humain. Si l'on joint à toutes ces raiſons les raiſons mêmes de convenance que rapporte GROTIUS, on conviendra aiſément qu'il n'eſt pas néceſſaire de ſuppoſer ici un conſentement tacite des peuples, pour fonder le droit de repréſailles.

§. XXXIX. Les repréſailles étant des actes d'hoſtilité, & qui dégénèrent même ſouvent dans une guerre pleine & parfaite, il eſt bien évident qu'il n'y a que le Souverain qui puiſſe les exercer légitimement, & que les ſujets ne peuvent le faire que de ſon ordre & par ſon autorité.

§. XL. D'ailleurs il eſt néceſſaire que le tort ou l'injuſtice que l'on nous fait & qui occaſionne les repréſailles, ſoit manifeſte & évident, & qu'il s'agiſſe de quelque intérêt conſidérable. Si l'injuſtice eſt douteuſe ou de peu de conſéquence, il ſeroit également injuſte & périlleux d'en venir à cette extrémité, & de s'expoſer ainſi à tous les maux d'une guerre ouverte : on ne doit pas non plus en venir aux repréſailles avant que d'avoir tâché d'obtenir raiſon par les voies ordinaires du tort qui nous a été fait ; il faut s'adreſſer pour cela au Magiſtrat de celui qui nous a fait injuſtice; après quoi ſi le Magiſtrat ne nous écoute point ou nous refuſe ſatisfaction, on peut pour ſe la procurer uſer de repréſailles.

§. XLI. En un mot, il n'eſt pas permis d'en venir aux repréſailles, que lorſque tous les moyens ordinaires d'obtenir ce qui nous eſt dû viennent à nous manquer ; en telle ſorte, par exemple, que ſi un Magiſtrat ſubalterne nous avoit refuſé la juſtice que nous demandons, il ne nous ſeroit pas encore permis d'uſer de repréſailles avant que de nous être adreſſé au Souverain de ce Magiſtrat même, qui peut-être nous rendra juſtice. Dans ces cir-

conſtances on peut donc ou arrêter les ſujets d'un Etat, ſi l'on arrête nos gens chez
eux, ou ſaiſir leurs biens & leurs effets ;
mais quelque juſte ſujet qu'on ait d'uſer
de repréſailles, on ne peut jamais directement, pour cette ſeule raiſon, faire mourir
ceux dont on s'eſt ſaiſi, on doit ſeulement
les garder ſans les maltraiter, juſqu'à ce
que l'on ait obtenu ſatisfaction ; de ſorte
que pendant tout ce tems-là ils ſont comme
en ôtage.

§. XLII. Pour les biens ſaiſis par droit
de repréſailles, il faut en avoir ſoin juſqu'à
ce que le temps auquel on doit nous faire
ſatisfaction ſoit expiré, après quoi on peut
les adjuger au créancier ou les vendre pour
l'acquit de la dette, en rendant à celui ſur
qui on les a pris, ce qui reſte, tous frais
déduits.

§. XLIII. Remarquons encore qu'il n'eſt
permis d'uſer de repréſailles qu'à l'égard
des ſujets proprement ainſi nommés & de
leurs biens ; car pour ce qui eſt des étrangers qui ne ſont que paſſer, ou qui viennent ſeulement pour demeurer quelque-
tems dans le pays, ils n'ont pas une aſſez
grande liaiſon avec l'Etat, dont ils ne
ſont membres qu'à tems & d'une manière

imparfaite, pour que l'on puisse se dédommager sur eux du tort qu'on a reçu de quelque citoyen originaire & perpétuel, & du refus que le Souverain a fait de nous rendre justice. Il faut encore excepter ici les Ambassadeurs qui sont des personnes sacrées, même pendant une guerre pleine & entière; mais pour ce qui est des femmes, des ecclésiastiques, des gens de lettres &c. le droit naturel ne leur accorde ici aucun privilége, s'ils ne l'ont d'ailleurs acquis en vertu de quelque traité. Cela peut suffire sur les représailles.

§. XLIV. Enfin quelques politiques distinguent encore ces guerres qui se font entre deux ou plusieurs Souverains, & celles des sujets contre les puissances; mais il est aisé de sentir que lorsque des sujets prennent les armes contre leur Souverain, ils le font ou pour de justes raisons & suivant les principes que nous avons établis ci-dessus, ou sans en avoir un sujet légitime; au dernier cas, c'est plutôt une révolte, un soulevement qu'une guerre proprement ainsi nommée; mais si les sujets ont de justes raisons de résister à leur Souverain, c'est une véritable guerre, puisqu'il n'y a plus alors ni Souverain ni

fujets, & que tout lien de dépendance &
d'obligation vient à ceſſer. Les deux partis
oppoſés ſont alors dans l'état de nature
& d'égalité, ils tâchent de ſe faire raiſon
par leurs propres forces, c'eſt donc une
véritable guerre, & voila qui peut ſuffire
ſur les différentes eſpèces de guerres.

CHAPITRE IV.

Des choſes qui doivent précéder la Guerre.

§. I. QUelque juſte ſujet qu'on ait de
faire la guerre, cependant com-
me elle entraîne après ſoi & d'une manière
inévitable une infinité de maux & même
ſouvent des injuſtices, il eſt certain que
l'on ne doit pas ſe porter d'abord ni trop
facilement à en venir à une extrémité
dangereuſe, & qui peut être très-funeſte
au vainqueur lui-même.

§. II. Voici donc les ménagemens que
la prudence veut que les Souverains ob-
ſervent dans ces circonſtances.

1°. En ſuppoſant que le ſujet de la
guerre eſt juſte en lui-même, il faut qu'il
s'agiſſe d'une choſe de grande conſéquence

pour

pour nous ; il vaut mieux diſſimuler ou relâcher quelque choſe de ſon droit, lorſque la choſe n'eſt pas conſidérable , que d'en venir aux armes.

2°. Il faut que l'on ait au moins quelque apparence probable de réuſſir, car ce ſeroit une témérité criminelle, une véritable folie que de s'expoſer de gaieté de cœur à une deſtruction certaine & à ſe jeter dans un plus grand mal , pour en éviter un moindre.

3°. Enfin , il faut qu'il y ait une véritable néceſſité à prendre les armes , c'eſt-à-dire , que l'on ne puiſſe employer aucun autre moyen plus doux pour obtenir ce que nous demandons , ou pour nous mettre à couvert des maux qui nous menacent.

§. III. Non - ſeulement ce ſont là des principes de prudence , mais la maxime générale de la ſociabilité & de l'amour de la paix , veut que nous en uſions de cette manière ; maxime qui n'a pas moins de force par rapport aux Nations , que par rapport aux particuliers : c'eſt donc une néceſſité au Souverain de ſuivre ces maximes : la juſtice du Gouvernement les y oblige par une ſuite de la nature même & du but de l'autorité ; ils doivent toujours prendre un foin particulier de l'Etat & de leurs fujets, & par conféquent ne les expoſer à tous les maux que la guerre entraîne après foi, qu'à la dernière extrémité, & lorſqu'il ne reſte plus d'autres reſſources que celle des armes.

§. IV. Ce n'eſt donc pas aſſez que la guerre foit juſte en elle-même par rapport à l'ennemi ; il faut encore qu'elle le foit par rapport à nous-mêmes & à nos fujets. PLUTARQUE nous rapporte là-deſſus que " parmi les anciens Romains, lorſ-
„ que les Prêtres nommés *Féciaux* avoient
„ conclu que l'on pouvoit juſtement en-
„ treprendre la guerre „ le Sénat examinoit encore s'il étoit avantageux de s'y engager.

§. V. Or entre les moyens de terminer les différens entre les Nations fans en venir aux armes, il y en a trois principaux. Le premier eſt une conférence amiable entre les Parties qui ont quelque démêlé, & là-deſſus CICERON remarque fort judicieuſement, " que cette manière de termi-
„ ner un différent par la diſcuſſion des
„ raiſons de part & d'autre, convient par-
„ ticuliérement à l'homme, que la force
„ appartient aux bêtes, & qu'il ne faut

,, y avoir recours que quand on ne peut
,, employer l'autre voie utilement.

§. VI. Le second moyen de terminer
un différent entre ceux qui n'ont point un
Juge commun, c'est un compromis entre
les mains d'Arbitres ; les Grands négli-
gent pour l'ordinaire cette manière de terminer les difficultés, mais elle mérite affurément d'être suivie par ceux qui aiment
la justice & la paix, & elle l'a aussi été
par plusieurs grands ·Princes & par des
peuples illustres.

§. VII. Enfin, le troisième que l'on
peut quelquefois employer avec succès,
c'est la voie du sort. J'ai dit, que l'on
peut quelquefois employer cette voie ;
car il n'est pas assurément toujours permis
de remettre à la décision du sort l'issue
d'un différent ou d'une guerre. On n'a plein
pouvoir de prendre cette voie, comme on
le juge à propos, que quand il s'agit d'une
chose sur laquelle on a un plein droit & à
laquelle on peut renoncer ; mais en général l'obligation où est le Souverain de
conserver la vie, l'honneur ou la Religion
des citoyens, & autres choses semblables,
comme aussi l'obligation où il est de maintenir l'honneur de l'Etat, ces obligations

font trop fortes & trop confidérables pour que le Souverain puiffe renoncer à l'ufage des moyens les plus naturels & les plus apparens pour fa propre confervation & pour celles des autres, & employer d'abord la voie du fort, qui eft de fa nature entièrement incertaine.

§. VIII. Mais à cela près, fi tout bien compté, celui qui a été injuftement attaqué fe trouve fi foible, qu'il ne voye aucune apparence de pouvoir réfifter à l'ennemi, rien n'empêche ce femble, qu'il n'offre de vuider le différent par la voie du fort, pour éviter ainfi un péril certain en s'expofant à un danger incertain ; car c'eft alors le moindre de deux maux inévitables.

§. I X. Il y a encore un autre moyen qui a quelque rapport avec le fort ; ce font les combats finguliers ou particuliers que l'on a mis plufieurs fois en ufage pour terminer les différens qui étoient prêts à caufer la guerre entre deux peuples : & en effet, rien n'empêche que pour prévenir la guerre & les malheurs qu'elle entraîne, on ne s'en rapporte au combat entre un certain nombre de gens, dont on eft convenu de part & d'autres. L'hiftoire nous fournit plufieurs exemples de ces fortes de combats, comme celui d'*Enée* & de *Turnus*, de *Menelas* & de *Pâris*, des *Horaces* & des *Curiaces*.

§. X. C'eft une queftion importante de fçavoir, fi l'on fait bien d'expofer ainfi l'intérêt de tout un Etat au hazard de ces fortes de combats : Il femble d'un côté que par ce moyen on épargne le fang humain & qu'on abrége les malheurs de la guerre ; de l'autre, on peut dire avec quelque apparence de raifon, qu'il vaut mieux s'engager même dans une guerre fanglante, que de rifquer d'un feul coup la liberté & le falut de l'Etat par un combat décifif, d'autant mieux que même après avoir perdu une ou deux batailles, on peut fe relever par une troifième où l'on fera victorieux.

§. XI. Cependant on peut dire, que fi l'on n'a d'ailleurs aucune apparence de bon fuccés, ou qu'il ne s'agiffe pas de la liberté ou du falut de l'Etat, il femble que rien n'empêche que l'on n'embraffe ce parti, comme le moindre de deux maux auxquels on eft inévitablement expofé.

§. XII. Grotius, en examinant cette queftion, prétend que ces fortes de combats ne font pas conformes à la juftice intérieure, quoiqu'ils foient approuvés par un droit des gens externe, & que les particuliers ne peuvent pas s'expofer volontairement à de pareils combats fans péché, quoique ces mêmes combats puiffent être innocemment permis par l'Etat ou par le Souverain pour éviter de plus grands maux ; mais on a bien remarqué que les raifons dont fe fert ce grand homme pour appuyer fon fentiment, ou ne prouvent rien, ou bien qu'elles prouvent en même tems, qu'il n'eft jamais permis d'expofer fa vie dans un combat, quel qu'il foit.

§. XIII. On peut même dire que GROTIUS n'eft pas bien d'accord avec lui - même, puifqu'il permet ces fortes de combats, lorf-que fans cela il y a toutes les apparences du monde que celui dont la caufe eft injufte fera victorieux, & fera ainfi périr un grand nombre de perfonnes innocentes : car cette exception fait voir que la chofe en elle-même n'eft point mauvaife, & que tout le mal qu'il peut y avoir ici, confifte à expofer fa vie ou celles des autres au ha-zard du combat fans néceffité. Le defir de finir ou de prévenir la guerre qui a toujours de fi fâcheufes fuites, même pour le parti victorieux , est si louable , qu'il peut excuser , sinon justifier entiérement ceux qui s'engageroient ou qui engage-roient même imprudemment les autres dans un combat de cette nature. Quoi qu'il en soit , il est du moins certain qu'en ce cas - là ceux qui combattent par ordre de l'Etat sont tout-à-fait innocens ; car ils ne sont pas plus obligés d'examiner si l'Etat agit prudemment ou non , que quand on les envoie à un assaut ou à une bataille rangée.

§. XIV. Remarquons cependant que c'étoit une folle superstition que celle de ces peuples qui regardoient les combats singuliers comme un moyen légitime de terminer tous les différens , même entre des particuliers , & qui s'imaginoient que la Divinité faisoit toujours triompher le parti le plus juste , & qui pour cela appelloient ces sortes de combats des *jugemens de Dieu.*

§. XV. Enfin , si après avoir fait tous ses efforts pour terminer les différens à l'amiable , il ne reste plus aucune espé-rance , & que l'on se voye contraint pour dernière ressource d'entreprendre la guerre , l'on doit encore avant que de le faire , la déclarer formellement à l'ennemi.

§. X V I. Cette déclaration de guerre confidérée en elle - même & indépendamment des formalités particulières de chaque peuple, n'eſt pas ſimplement du droit des gens à prendre ce mot dans le ſens de Grotius, mais du droit même naturel. En effet, la prudence & l'équité naturelle demandent également qu'avant que de prendre les armes contre quelqu'un, on tente toutes ſortes de voies de douceur avant que d'en venir à cette extrémité. Il faut donc ſommer celui de qui on a reçu quelque tort de nous en faire quelque ſatisfaction au plutôt, pour voir s'il ne voudroit pas penſer à lui-même, & nous éviter la néceſſité de pourſuivre notre droit par la voie des armes.

§. X V I I. Il s'enſuit de ce que nous venons de dire, que la déclaration de guerre n'a lieu que dans les guerres offenſives ; car lorſque l'on eſt actuellement attaqué, cela ſeul nous donne lieu de croire que l'ennemi a bien réſolu de ne point entendre parler d'accommodement.

§. XVIII. Il s'enſuit encore, que l'on ne doit pas commencer les actes d'hoſtilité immédiatement après avoir déclaré la guerre, mais qu'il faut attendre du moins autant que l'on peut, ſans ſe cauſer à ſoi - même du préjudice, que celui qui nous a fait du tort ait refuſé hautement de nous ſatisfaire, & ſe ſoit mis en devoir de nous attendre de pied ferme ; & cela, encore même qu'il n'y ait pas beaucoup d'eſpérance qu'il ſe diſpoſe à nous donner ſatisfaction. Autrement la déclaration de guerre ne ſeroit plus qu'une vaine cérémonie, & on ne doit rien négliger pour faire voir à tout le monde & à l'ennemi même, que ce n'eſt qu'à la dernière extrémité que l'on prend les armes pour obtenir ou maintenir ſes juſtes droits, après avoir tenté toute autre ſorte de voie & lui avoir donné tout le tems de revenir à lui-même.

§. XIX. On diſtingue la déclaration de guerre, en *déclaration conditionnelle* & en *déclaration pure & ſimple*. La déclaration conditionnelle eſt celle qui eſt jointe avec la demande ſolemnelle de la choſe qui nous eſt due, & ſous cette condition que ſi on ne nous ſatisfait pas, nous nous ferons raiſon par les armes. La déclaration pure & ſimple, eſt celle qui ne renferme aucune condition, mais par laquelle on renonce purement à l'amitié & à la fociété de celui à qui on déclare la guerre; mais la déclaration de guerre, de quelque manière qu'elle fe faffe, eft par fa nature conditionnelle. † On doit toujours être difpofé à recevoir une fatisfaction raifonnable du moment que l'ennemi l'offre, & c'eft ce qui fait que quelques perfonnes rejettent cette diftinction de la déclaration de guerre. Mais elle peut pourtant fe foutenir, en fuppofant que celui à qui on déclare la guerre purement & fimplement, a déja affez témoigné qu'il n'avoit aucun deffein de nous épargner la néceffité d'en venir aux mains avec lui. Jufques-là donc la déclaration peut bien, du moins quant à la forme, être pure & fimple, fans préjudice des difpofitions où l'on doit toujours être, fuppofé que l'ennemi revînt à lui-même, ce qui regarde la fin de la guerre plutôt que les commencemens, auxquels fe rapporte la diftinction des déclarations, en pures & en conditionnelles.

§. XX. Au refte, du moment que la guerre a été déclarée à un Souverain, non-feulement elle eft cenfée déclarée en même tems à tous les fujets, qui avec lui ne

---

† *Vide fupra*, *n*. XVII I.

font qu'une feule perfonne morale, mais encore à tous ceux qui dans la fuite peuvent fe joindre à lui, & qui ne doivent être regardés par rapport à l'ennemi principal, que comme des fecours ou des acceffoires.

§. XXI. Pour ce qui eft des formalités que les différentes Nations obfervent dans les déclarations de guerre, elles font toutes arbitraires par elles-mêmes. Il eft donc indifférent qu'on le faffe par des Envoyés, par dés Hérauts ou par des Lettres, que ce foit à la perfonne même du Souverain ou aux fujets, pourvu néanmoins que le Prince ne puiffe pas l'ignorer.

§. XXII. A l'égard des raifons pour lefquelles les peuples ont trouvé à propos que la guerre, pour être légitime & folemnelle, fût précédée d'une déclaration & du but qu'ils fe font propofé en cela, GROTIUS prétend que c'eft afin qu'on pût être d'autant mieux affuré que la guerre étoit entreprife, non par une autorité privée, mais par l'ordre de l'un ou de l'autre peuple ou de leurs Souverains.

§. XXIII. Mais cette raifon de GROTIUS paroît peu fuffifante ; car eft-on plus affuré que la guerre fe fait par autorité publique, lorfqu'un Héraut par exemple vient de la déclarer avec certaines cérémonies, qu'on ne le feroit lorfqu'on verroit fur les frontières une armée commandée par quelqu'un des principaux de l'Etat & prête à entrer dans notre pays ? Ne pourroit-il pas au contraire arriver plus aifément, qu'une perfonne ou quelque peu de perfonnes s'érigeaffent de leur chef en Hérauts , que non pas qu'un homme levât de fon autorité une armée & la menât fur la frontière à l'infçu du Souverain ?

§. XXIV. La vérité eft, que le but principal des déclarations de guerre, ou du moins ce qui en a fait établir l'ufage , c'eft afin de faire connoître à tout le monde que l'on a un jufte fujet de prendre les armes & de témoigner à l'ennemi même, qu'il n'a tenu & qu'il ne tient encore qu'à lui de l'éviter. Les déclarations de guerre , les manifeftes que les Princes publient , font à cet égard un jufte refpect qu'ils ont les uns pour les autres & pour la Société en général , à laquelle ils rendent ainfi en quelque façon compte de leur conduite pour obtenir leur approbation : c'eft ce qui paroît en particulier par la manière dont les Romains faifoient cette déclaration ; celui que l'on envoyoit pour cela prenoit à témoins les Dieux, que le peuple à qui ils déclaroient la guerre, étoit injuste, en ne voulant point faire ce que le droit & la justice demandoient.

§. XXV. Enfin, il faut encore remarquer ici, que l'on ne doit pas confondre la *déclaration* de la guerre avec la *publication* de la guerre : cette dernière se fait en faveur des sujets mêmes du Prince qui déclare la guerre, & pour leur apprendre que·telle ou telle Nation doit être regardée dans la suite comme ennemie, & qu'ils doivent prendre leurs mesures là-dessus.

CHAPITRE V.

Régles générales pour connoître ce qui est permis dans la Guerre.

§. I. CE n'est pas assez pour qu'une guerre se fasse avec justice, qu'elle soit entreprise pour un juste sujet, & que l'on y observe d'ailleurs les autres choses dont nous avons parlé jusqu'ici ; mais il faut de plus, qu'en la faisant, on reste dans les termes de la justice, de l'humanité, & qu'on ne pousse pas les actes d'hostilité au de-là de leurs bornes.

§. II. GROTIUS, en traitant cette matière, établit d'abord trois régles générales qui font autant de principes, & qui servent à faire comprendre quelle est l'étendue des droits de la guerre & jusques où ils peuvent être portés.

§. III. La première, c'est que tout ce qui a une liaison moralement nécessaire avec le but de la guerre est permis, & rien davantage : En effet, il seroit tout-à-fait inutile d'avoir droit de faire une chose, si l'on ne pouvoit se servir des moyens nécessaires pour en venir à bout ; mais aussi il ne seroit pas juste que, sous prétexte de défendre son droit, on se crût tout permis, & qu'on se portât aux dernières extrémités.

§. IV. *Seconde régle.* Le droit qu'on a contre un ennemi & que l'on poursuit par les armes, ne doit pas être considéré uniquement par rapport au sujet qui fait commencer la guerre, mais encore par rapport aux nouvelles causes qui surviennent dans la suite & pendant le cours de la guerre : tout de même qu'en justice une des Parties acquiert souvent un nouveau droit pendant le cours du procès. C'est là le fondement du droit que l'on a d'agir contre ceux qui se joignent à notre ennemi pendant le cours de la guerre, soit qu'ils dépendent de lui ou non.

§. V. Enfin *la troisième régle*, c'est qu'il y a bien des choses qui, quoiqu'illicites d'ailleurs, deviennent permises dans la guerre, parce qu'elles en font des suites inévitables, & qu'elles arrivent contre notre intention & sans un dessein formel : autrement il n'y auroit jamais moyen de faire la guerre sans injustice, & les actions les plus innocentes devroient souvent être regardées comme injustes, puisqu'il y en a peu d'où il ne puisse, par occasion, provenir quelque mal contre l'intention de l'agent.

§. VI. Ainsi, par exemple, pour avoir ce qui nous appartient, on a droit de prendre une chose qui vaut davantage, si l'on ne peut pas prendre précisément autant qu'il nous est dû, sous l'obligation néanmoins de rendre la valeur de ce qui est au delà de la dette. On peut aussi canonner un vaisseau plein de Corsaires, quoique dans ce vaisseau il se trouve quelques femmes, quelques enfans ou d'autres personnes innocentes, qui courent risque d'être enveloppées dans la ruine de ceux que l'on veut & que l'on peut faire périr avec justice.

§. VII. Telle eſt l'étendue du droit que l'on a contre un ennemi en vertu de l'état de guerre : cet état anéantiſſant par lui-même l'état de ſociété ; quiconque ſe déclare notre ennemi, nous autoriſe par-là à agir contre lui par des actes d'hoſtilité pouſſés à l'infini & auſſi loin qu'on le juge à propos, & cela non ſeulement juſqu'à ce qu'on ſe ſoit mis à couvert des dangers dont on eſt menacé, ou qu'on ait recouvré ce qui nous avoit été enlevé injuſtement, ou que l'on ſe ſoit fait rendre ce qui nous étoit dû ; mais encore juſqu'à ce qu'on nous ait donné de bonnes ſuretés pour l'avenir : il n'eſt donc pas toujours injuſte de rendre plus de mal qu'on n'en avoit effectivement reçu.

§. VIII. Mais il faut encore remarquer ici, que quoique ces maximes ſoient vraies en vertu du droit rigoureux de la guerre, la loi de l'humanité met néanmoins des bornes à ce droit ; elle veut que l'on conſidère non ſeulement ſi tels ou tels actes d'hoſtilités peuvent être exercés contre un ennemi ſans qu'il ait lieu de s'en plaindre, mais encore s'ils ſont dignes d'un vainqueur humain ou même d'un vainqueur généreux. Ainſi, autant qu'il eſt poſſible,

&

& que notre défenſe & notre ſureté pour l'avenir nous le permettent, il faut tempérer les maux que l'on fait à un ennemi par les principes de l'humanité.

§. I X. Pour ce qui eſt des voies même que l'on peut employer légitimement contre un ennemi, il eſt bien évident que la terreur & la force ouverte ſont le caractère propre de la guerre, comme auſſi la voie la plus commune dont on ſe ſert ; mais il n'eſt pas moins permis d'employer la ruſe & l'artifice contre un ennemi, pourvu qu'on le faſſe ſans perfidie & ſans manquer à ce qu'on a promis ; ainſi l'on peut tromper l'ennemi par de fauſſes nouvelles & des diſcours inventés à plaiſir ; mais on ne doit jamais violer ce à quoi on s'eſt engagé envers lui, par quelque promeſſe ou par quelque convention, comme nous le ferons voir plus particulièrement dans la ſuite.

§. X. On peut juger par là du droit des *ſtratagêmes*, & l'on ne ſçauroit raiſonnablement douter que l'on ne puiſſe innocemment employer la ruſe & l'artifice à l'égard de celui contre lequel on peut tourner toutes ſes forces : les premiers moyens ont même cet avantage ſur les derniers, qu'ils font ordinairement fuivis de moins de maux, & que l'on conferve par-là la vie à bien des innocens.

§. XI. Il eft vrai que quelques Nations ont quelquefois rejeté l'ufage des rufes & des tromperies dans la guerre, mais ce n'é-toit pas que l'on y trouvât de l'injuftice, c'eft par une efpéce de grandeur d'ame bien ou mal entendue, & fouvent par la confiance qu'elles avoient en leurs propres forces. Les Romains prefque jufques à la fin de la feconde guerre punique, fe fai-foient un point d'honneur de n'ufer d'au-cune rufe de guerre.

§. XII. Tels font les principes, au moyen defquels on peut juger jufques à quel degré on peut pouffer les actes d'hoftilité; ajou-tons là-deffus que la plûpart des Nations n'ont mis aucunes bornes aux droits que la loi naturelle donne d'agir contre un ennemi; & pour dire la vérité, il eft bien difficile de déterminer précifément jufqu'où il fuffit de porter les actes d'hof-tilité, dans les guerres même le plus lé-gitimes, pour fe défendre & pour obtenir la réparation du dommage, ou pour fe procurer les furetés néceffaires pour l'a-venir; d'autant plus que ceux qui entrent en guerre se donnent eux-mêmes l'un à l'autre & par une espéce de convention tacite, une liberté entière de tempérer ou d'augmenter la fureur des armes, & d'exercer toutes sortes d'actes d'hostilité, selon que chacun le trouve à propos.

§. XIII. Et si les Généraux d'armée punissent ceux qui ont porté les actes d'hostilité au delà des ordres précis qu'ils avoient donnés, ce n'est pas tant parce qu'ils ont fait par-là du tort à l'ennemi, mais principalement pour avoir violé les ordres de leur Commandant, & afin de maintenir la discipline militaire qui demande beaucoup de sévérité.

§. XIV. C'est encore par une conséquence de ces principes, que ceux qui dans une guerre publique & solemnelle, ont poussé le carnage & les pilleries au delà de ce que la loi naturelle permet, ne passent pas d'ordinaire dans le monde pour des meurtriers ou pour des voleurs, & ne sont pas punis comme tels. Il est établi entre les Nations, qu'il faut laisser cela à la conscience de ceux qui se font la guerre, plutôt que de s'attirer des querelles fâcheuses, en s'ingérant de condamner l'une ou l'autre des parties.

§. XV. On peut même dire que l'ufage où font les Nations là-deffus, eft fondé fur des principes naturels. En effet, fuppofons que dans l'indépendance de l'état de nature, trente chefs de famille habitans d'une même contrée, fe fuffent ligués pour attaquer ou pour repouffer d'autres chefs de famille unis enfemble, je dis que ni pendant cette guerre ni après qu'elle eft finie, ceux de la même contrée ou d'ailleurs qui n'étoient point entrés dans la ligue ni d'une part ni d'une autre, ne devoient & ne pouvoient point punir comme meurtriers ou voleurs, aucun de ceux des deux partis qui pourroient venir à tomber entre leurs mains.

§. XVI. Ils ne le pourroient pas pendant la guerre, car ce feroit époufer la querelle de l'un des deux partis, & par cela même qu'ils font d'abord demeurés neutres, ils ont clairement renoncé au droit de fe mêler de ce qui pourroit fe paffer dans cette guerre; bien moins le pourroient-ils encore après la guerre finie, puifque la guerre ne pouvant finir fans quelque accommodement ou quelque traité de paix, les intéreffés eux-mêmes fe font réciproquement tenus quittes de tous les maux qu'ils s'étoient faits.

§. XVII. Le bien de la Société vouloit aussi que l'on suivît ces maximes : car si ceux qui demeurent neutres étoient autorisés à connoître des actes d'hostilité exercés dans une guerre étrangère, & en conséquence à punir ceux qu'ils jugeroient en avoir commis d'injustes & à prendre les armes pour ce sujet, au lieu d'une guerre il s'en éleveroit nécessairement plusieurs, & ce feroit une source féconde de querelles & de troubles. Plus les guerres devenoient fréquentes, & plus il étoit nécessaire, pour la tranquillité du genre humain, qu'on n'épousât pas légèrement la querelle d'autrui. L'établissement même des Sociétés civiles n'a fait que rendre plus nécessaire la pratique de ces maximes, parce que les guerres font devenues dès-lors, sinon plus fréquentes, du moins plus étendues & accompagnées d'un plus grand nombre de maux.

§. XVIII. Remarquons enfin que tous les actes d'hostilité que l'on peut exercer légitimement contre un ennemi, peuvent être exercés & sur nos propres terres, & sur celles de l'ennemi, & sur une terre qui n'appartient à personne, & sur mer.

§. XIX. Il n'en est pas de même en pays

neutre, c'eſt-à-dire, dans ceux dont le Souverain n'a pris aucun parti entre ceux qui ſont en guerre. Dans ces terres, on ne ſçauroit légitimement exercer aucun acte d'hoſtilité, ni ſur les perſonnes même des ennemis ni ſur leurs biens ; & cela non point en vertu de quelque droit de l'ennemi même, mais par un juſte reſpect pour le Souverain du pays, qui n'ayant pris parti ni pour ni contre nous, nous met dans la néceſſité de reſpecter ſa Juriſdiction, & de ne commettre aucune violence ſur ſes terres. Ajoutez que par cela ſeul que le Souverain du pays eſt demeuré neutre, il s'eſt engagé tacitement à ne permettre ſur ſon territoire aucun acte d'hoſtilité de part ni d'autre.

CHAPITRE VI.

Des droits que donne la Guerre ſur les perſonnes des ennemis, de leur étendue & de leurs bornes.

§. I. VOYONS maintenant dans quelque détail, les différens droits que la guerre donne ſur les perſonnes & ſur les biens des ennemis, & commençons par les premiers.

1°. Donc il eſt certain que l'on peut innocemment tuer un ennemi ; je dis innocemment, non ſeulement aux termes de la juſtice extérieure, & qui paſſe pour telle chez toutes les Nations, mais encore ſelon la juſtice intérieure & les loix de la conſcience : & en effet, le but de la guerre demande néceſſairement que l'on ait ce pouvoir, autrement ce ſeroit en vain que l'on prendroit les armes & que les loix de la nature le permettroient.

§. II. Si l'on ne conſultoit ici que l'uſage des Nations, & ce que GROTIUS appelle le *Droit des Gens*, cette licence de tuer l'ennemi s'étendroit bien loin ; on pourroit dire qu'elle n'a point de bornes, & qu'elle peut être exercée juſques ſur les perſonnes innocentes. Cependant quoiqu'il ſoit inconteſtable que la guerre entraîne après elle une infinité de maux, qui conſidérés en eux-mêmes ſont des injuſtices & des véritables cruautés, mais qui dans de certaines circonſtances doivent plutôt être enviſagés comme des malheurs inévitables, il eſt vrai néanmoins que le droit que donne la guerre ſur la perſonne & la vie de l'ennemi, a des bornes, & qu'il y a ici des tempéramens à obferver, que l'on ne fçauroit négliger fans crime.

§. III. En général, il faut toujours avoir égard aux principes que nous avons établis dans le Chapitre précédent, pour juger du degré auquel on peut porter les actes d'hoftilité. Le pouvoir que l'on a d'ôter la vie à l'ennemi, ne va donc pas jufques à l'infini, & fi l'on peut parvenir au but légitime que l'on fe propofe en faifant la guerre, fi l'on peut fe défendre, fi l'on peut obtenir la réparation du tort qu'on nous a fait, & de bonnes furetés pour l'avenir en épargnant la vie de l'ennemi, il eft inconteftable que la juftice & l'humanité veulent qu'on en ufe de cette manière.

§. IV. Il eft vrai que dans l'application de ces maximes aux cas particuliers, il eft quelquefois très-difficile, pour ne pas dire impoffible, de marquer précifément l'étendue & les bornes qu'on doit leur donner; mais au moins il eft toujours certain que l'on doit tâcher d'en approcher autant que l'on peut & fans bleffer nos intérêts bien entendus. Faifons l'application de ces principes aux cas particuliers.

§. V. 1º. Le droit de tuer l'ennemi, ne

regarde-t-il que ceux qui portent actuellement les armes, ou bien s'étend-il indifféremment sur tous ceux qui se trouvent sur les terres de l'ennemi, soit qu'ils soient sujets ou étrangers? Je réponds qu'à l'égard de tous ceux qui sont sujets, la chose est incontestable; ce sont là les ennemis principaux, & l'on peut exercer sur eux tous les actes d'hostilité en vertu de l'état de guerre.

§. VI. Pour ce qui est des étrangers, ceux qui, lorsque la guerre est commencée, vont, le sçachant, dans le pays de notre ennemi, peuvent avec justice être regardés comme nos ennemis, & être traités comme tels ; mais pour ceux qui étoient déjà venus dans le pays ennemi avant la guerre, la justice & l'humanité veulent qu'on leur accorde quelque tems pour se retirer ; que s'ils n'en veulent pas profiter, on se trouve par là autorisé à les traiter comme nos ennemis même.

§. VII. 2º. A l'égard des vieillards, des femmes & des enfans, il est certain que le droit de la guerre n'exige pas par lui-même que l'on pousse les hostilités jusqu'à les tuer, & que par conséquent c'est une pure cruauté d'en user ainsi :

je dis que le but de la guerre n'exige
pas cela par lui-même ; car fi les femmes
par exemple, exercent elles - mêmes des
actes d'hoftilités, fi oubliant la foibleffe
de leur fexe, elles prennent les armes contre l'ennemi, alors on eft fans contredit
en droit de fe fervir contr'elles de celui
que donne la guerre ; difons encore que
lorfque le feu de l'action emporte le Soldat comme malgré lui, & nonobftant
les ordres des Supérieurs, à commettre ces
actes d'inhumanité, comme par exemple,
à la prife d'une ville, qui par fa réfiftance a irrité les troupes, alors on doit
plutôt regarder ces maux - là comme des
malheurs & comme des fuites inévitables
de la guerre, que comme des crimes
puniffables.

§. VIII. 3°. Il faut à peu près rai-
fonner de la même manière fur les prifonniers de guerre ; on ne fçauroit pour
l'ordinaire les faire mourir fans fe rendre
coupable de cruauté ; je dis pour l'ordinaire, car il peut fe rencontrer des cas
de néceffité fi preffans, que le foin de
notre propre confervation nous oblige à
nous porter à des extrémités, qui hors de
ces circonftances, feroient tout - à - fait
criminelles.

§. IX. En général, les loix même de la guerre demandent que l'on s'abſtienne du carnage autant qu'il eſt poſſible , & que l'on ne répande pas du ſang ſans néceſſité ; l'on ne doit donc pas directement & de propos délibéré ôter la vie, ni aux priſonniers de guerre, ni à ceux qui demandent quartier, ni à ceux qui ſe rendent, moins encore aux vieillards, aux femmes & aux enfans, & en général à aucun de ceux qui ne ſont ni d'un âge ni d'une profeſſion à porter les armes, & qui n'ont d'autre part à la guerre que de ſe trouver dans le pays ou dans le parti ennemi. L'on comprend bien encore que les droits de la guerre ne s'étendent pas juſqu'à autoriſer les outrages faits à l'honneur des femmes ; car cela ne fait rien ni à notre défenſe, ni à notre ſûreté, ni au maintien de nos droits , & ne peut ſervir qu'à ſatisfaire la brutalité du Soldat : on fera bien de conſulter ſur cette matière GROTIUS (1).

§. X. Mais dans les cas où il eſt permis d'ôter la vie à l'ennemi, peut-on ſe ſe ſervir pour cela de toutes ſortes de

____

(1) *Livre III. Chap. II.*

moyens indifféremment ? Je réponds qu'à confidérer la chofe en elle-même & d'une manière abftraite, il n'importe de quelle manière on ôte la vie à un ennemi, que ce foit de vive force, ou par rufe & par ftratagême, par le fer ou par le poifon.

§. XI. Cependant il eft certain que fuivant les idées & les coûtumes reçues chez les peuples civilifés, on regarde comme une lâcheté criminelle, non feulement de faire donner à l'ennemi quelque breuvage mortel, mais encore d'empoifonner les puits, les fources, les fontaines, les fléches, les dards, les bales, & les autres chofes dont on fe fert contre lui : or il fuffit que cet ufage de regarder ces moyens comme criminels foit reçu chez les Nations avec lefquelles on a quelque chofe à démêler, pour que l'on foit cenfé s'y foumettre, lorfqu'en commençant la guerre on ne déclare point qu'on veut avoir la liberté d'en ufer autrement, & la laiffer en même tems à fon ennemi.

§. XII. L'on peut fuppofer avec d'autant plus de fondement cette convention tacite, que l'humanité & l'intérêt des deux parties la demandent également, fur tout depuis que les guerres font devenues fi fréquentes, qu'elles font fi fouvent entreprifes pour de légers fujets, & que l'efprit humain ingénieux à inventer les moyens de nuire, a fi fort multiplié ceux qui font autorifés par l'ufage, & regardés comme honnêtes. Il eft d'ailleurs inconteftable que quand on peut venir au même but, par des moyens plus doux & plus humains, & qui confervent la vie à plufieurs perfonnes, & en particulier à celles dont la confervation intéreffe particulièrement la fociété humaine, l'humanité veut que l'on fuive cette route.

§. XIII. Ce font donc là de juftes précautions que les hommes doivent fuivre pour leur propre avantage : il eft de l'avantage commun du genre humain, que les périls ne s'augmentent pas à l'infini ; en particulier la Société y eft intéreffée par rapport à la confervation de la vie des Rois, des Généraux d'armées & d'autres perfonnes confidérables, du falut defquelles dépend pour l'ordinaire celui des Sociétés ; car fi la vie de ces perfonnes eft plus en fûreté que celles des autres, quand on ne l'attaque que par

les armes, elles ont d'un autre côté beaucoup plus à craindre du poison, &c. &
elles feroient tous les jours expofées à périr
de cette manière, fi un ufage bien établi
ne les mettoit à couvert de ce côté-là.

§. XIV. Ajoutons enfin que toutes
les Nations qui fe font piquées de juftice
& de générofité, ont toujours fuivi ces
maximes ; & les Confuls Romains, dans
une lettre qu'ils écrivirent à *Pyrrhus*,
difoient, *qu'il étoit de l'intérêt commun
de toutes les Nations qu'on ne donnât
point de tels exemples.*

§. XV. On demande encore fi l'on
peut légitimement faire affaffiner un ennemi ? Je réponds, 1°. que celui qui fe
fert pour cela du miniftère de quelqu'un
des fiens, le peut en toute juftice. Lorfqu'on peut tuer un ennemi, il n'importe
que ceux qu'on emploie pour cela foient
en grand ou en petit nombre : fix cens
Lacédémoniens étant entrés avec LEONIDAS
dans le camp de l'ennemi, allèrent droit
à la tente du Roi de Perfe : or ils auroient pu fans doute le faire, quoiqu'ils
euffent été en plus petit nombre. L'entreprife fameufe de MUCIUS SCEVOLA eft
louée par tous ceux qui en ont parlé,

& PORSENNA lui-même, celui à qui on vouloit ôter la vie, ne trouve rien que de beau dans ce deffein.

§. XVI. 2°. Mais il n'eft pas fi aifé de déterminer fi l'on peut pour cela employer des affaffins, qui en fe chargeant de cette commiffion, commettent eux-mêmes un acte de perfidie, comme font des Sujets par rapport à leur Souverain, des Soldats par rapport à leur Général : à cet égard, il femble qu'il faut d'abord diftinguer ici deux queftions différentes ; l'une, fi l'on fait du tort à l'ennemi même contre lequel on fe fert de traîtres ; l'autre, fi fuppofé qu'on ne lui faffe aucun tort, on commet néanmoins une mauvaife action.

§. XVII. 3°. Pour la première queftion, à confidérer la chofe en elle-même & fuivant le droit rigoureux de la guerre, il femble qu'en fuppofant la guerre jufte on ne fait aucun tort à l'ennemi, foit qu'on profite de l'occafion d'un traître qui vient s'offrir de lui-même, foit qu'on la recherche foi - même & qu'on fe la procure.

§. XVIII. L'état de guerre où l'ennemi s'eft mis, & où il ne tenoit qu'à lui de ne pas fe mettre, donne par lui-même toute permiffion contre lui ; enforte qu'il n'a aucun lieu de fe plaindre, quoi qu'on faffe ; d'ailleurs on n'eft pas plus obligé, à parler à la rigueur, de refpecter le droit qu'un ennemi a fur fes Sujets, & la fidélité qu'ils lui doivent en cette qualité, que leurs biens & leurs vies, dont on peut inconteftablement les dépouiller par droit de guerre.

§. XIX. 4°. Cependant je crois que cela ne fuffit pas pour rendre un affaffinat fait dans ces circonftances tout-à-fait innocent ; un Souverain qui aura la confcience tant foit peu délicate, & qui fera bien convaincu de la juftice de fes armes, n'ira point chercher des voies de trahifon pour vaincre fon ennemi, & n'embraffera pas facilement celles qui fe préfenteront d'elles mêmes ; la jufte confiance qu'il aura dans la protection du Ciel, l'horreur pour la perfidie d'autrui, la crainte de s'en rendre complice & de donner un mauvais exemple, qui pourroit retomber fur lui-même & fur les autres, lui feront méprifer & rejeter tous les avantages qu'il pourroit fe promettre de tels moyens.

§. XX.

§. XX. 5°. Ajoutons encore, que de tels moyens ne sçauroient toujours être regardés comme une chose entiérement innocente par rapport à celui qui les met en usage : l'état d'hostilité qui dispense du commerce des bons offices, & qui autorise à nuire, ne rompt pas pour cela tout lien d'humanité, & n'empêche point qu'on ne doive, autant qu'on le peut, éviter de donner lieu à quelque mauvaise action de l'ennemi ou de quelqu'un des siens, sur tout de ceux qui par eux-mêmes n'ont eu aucune part à ce qui fait le sujet de la guerre : or tout traître commet sans contredit une action également honteuse & criminelle.

§. XXI. 6°. Il faut donc dire avec Grotius, qu'on ne peut jamais en conscience séduire ou solliciter à la trahison les sujets de l'ennemi, puisque c'est les porter positivement & directement à commettre un crime abominable, & auquel sans cela ils n'auroient peut-être jamais pensé d'eux-mêmes.

§. XXII. 7°. Autre chose est quand on ne fait que profiter de l'occasion & des dispositions que l'on voit dans une personne qui n'a pas eu besoin d'être follicitée à la trahifon ; or il me femble que la tache de la perfidie ne tombe pas fur celui qui la trouve toute formée dans le cœur du traître, fur tout fi l'on confidére que d'ennemi à ennemi, la chofe à l'égard de laquelle on met à profit les mauvaifes difpofitions d'autrui, eft de telle nature qu'on peut la faire innocemment & légitimement foi-même.

§. XXIII. 8°. Mais quoi qu'il en foit, par les raifons que l'on a alléguées ci-deffus, on ne peut guères fe prévaloir d'une trahifon qui s'offre, que dans un cas extraordinaire, & dans une efpéce de néceffité ; & quoique l'ufage de plufieurs Nations n'ait rien d'obligatoire par lui-même, cependant dès-là que les peuples avec qui on a quelque chofe à démêler, regardent comme illicite l'acceptation même des offres d'une certaine efpéce de perfidie, comme celle d'affaffiner fon Prince ou fon Général, on eft raifonnablement cenfé s'y foumettre tacitement.

§. XXIV. 9°. Remarquons que le droit des gens met ici quelque différence entre un ennemi véritablement tel, & un rebelle, un chef de brigands ou de corfaires : les Princes les plus pieux ne font point de difficulté de propofer de grandes récompenfes à ceux qui voudront trahir de telles perfonnes , & la haine que méritent de la part de tous les hommes ces fortes de gens , fait qu'on ne trouve pas mauvais qu'un Prince mette en ufage contr'eux toutes fortes de voies.

§. XXV. Enfin, il eft permis de tuer l'ennemi par-tout où il fe trouve, excepté fur les terres d'un peuple neutre ; car les voies de fait ne font pas permifes dans une fociété civile, ou l'on doit implorer le fecours du Souverain. Dans le tems de la feconde guerre punique, fept galères des Carthaginois étant dans un port de la domination de Syphax, alors Prince neutre entre les Romains & les Carthaginois , Scipion tira vers ce même port avec deux galères feulement, que les Carthaginois auroient pu aifément défaire, avant qu'elles entraffent dans le port, & ils s'y difpofoient effectivement ; mais un coup de vent ayant jeté les deux galères Romaines dans le port , fans donner le tems aux Carthaginois de lever l'ancre , ils n'osèrent plus remuer , parce qu'ils étoient en pays neutre.

§. XXVI. Il eft naturel de dire ici

quelque chofe des prifonniers de guerre. C'étoit un ufage prefque univerfellement établi autrefois, que tous ceux qui étoient pris dans une guerre jufte & folemnelle, foit qu'ils fe fuffent rendus eux-mêmes, ou qu'ils euffent été pris de vive force, devenoient efclaves du moment qu'ils étoient conduits dans quelque lieu de la dépendance du vainqueur, ou dont il étoit le maître ; & cela s'étendoit à tous ceux qui étoient pris, même à ceux qui fe trouvoient malheureufement fur les terres de l'ennemi dans le tems que la guerre s'étoit élevée tout d'un coup.

§. XXVII. Bien plus, non feulement ceux qui étoient faits prifonniers de guerre, mais encore leurs defcendans à perpétuité étoient réduits à la même condition, c'eft-à-dire ceux qui naiffoient d'une mère efclave.

§. XXVIII. Les effets d'un tel efclavage n'avoient point de bornes, tout étoit permis à un maître à l'égard de fon efclave, il avoit fur lui droit de vie & de mort, & tout ce que l'efclave poffédoit ou pouvoit acquerir dans la fuite, appartenoit de droit au maître.

§. XXIX. Il y a quelque apparence

que le but & la raison pour laquelle les Nations avoient établi cet usage de faire des esclaves dans la guerre , étoit principalement de porter les hommes à s'abstenir du carnage, par l'espérance des avantages qu'on retiroit de la possession des esclaves ; aussi les Historiens remarquent-ils que les guerres civiles étoient beaucoup plus cruelles que les autres, en ce que le plus souvent on tuoit les prisonniers, parce qu'on n'en pouvoit pas faire des esclaves.

§. XXX. Tous les Chrétiens généralement ont trouvé à propos d'abolir entr'eux l'usage de rendre esclaves les prisonniers de guerre ; on se contente aujourd'hui de garder les prisonniers , jusqu'à ce qu'on ait payé leur rançon , dont l'estimation dépend du vainqueur , à moins qu'il n'y ait quelque convention qui la fixe. Voilà ce qu'il y a de plus essentiel à remarquer touchant les droits que donne la guerre sur les personnes des ennemis.

CHAPITRE VII.

Des Droits que donne la Guerre sur les Biens des Ennemis.

§. I. A L'égard des biens de l'ennemi, il est incontestable que l'état de guerre permet de les lui enlever, de les ravager, de les endommager, & même de les détruire entiérement ; car comme le remarque fort bien CICERON, il n'est du tout point contraire à la nature de dépouiller de son bien une personne à qui l'on peut ôter la vie avec justice, & toutes ces sortes de maux que l'on peut causer à l'ennemi en ravageant ainsi ses terres & ses biens, c'est ce qu'on appelle *le Dégat.*

§. II. Ce droit de dégat s'étend en général sur toutes les choses qui appartiennent à l'ennemi, & le droit des gens, proprement ainsi nommé, n'en excepte pas même les choses sacrées, c'est-à-dire celles qui sont consacrées au vrai Dieu, ou aux fausses Divinités, dont les hommes font l'objet de leur culte religieux.

§. III. Il est vrai qu'à cet égard les mœurs & les coutumes des Nations ne s'accordent pas parfaitement ; les unes s'étant permis le dégat des choses sacrées & religieuses, & les autres l'ayant envisagé comme une profanation criminelle : mais quels que puissent être l'usage & les mœurs des Nations, c'est ce qui ne sçauroit jamais faire la régle primitive du droit ; c'est pourquoi pour s'assurer du droit que donne la guerre à cet égard, il faut recourir aux principes du droit de la nature & des gens.

§. IV. Je remarque donc que les choses sacrées ne sont pas dans le fond d'une nature différente des autres choses, que l'on appelle profanes : elles ne différent de celles-ci, que par la destination que les hommes en ont fait pour servir au culte de la Religion : mais cette destination ne donne pas aux choses la qualité de saintes & de sacrées, comme un caractère intrinséque & ineffaçable, dont personne ne puisse les dépouiller.

§. V. Ces choses ainsi consacrées, appartiennent toujours au public ou au Souverain, & rien n'empêche que le Souverain qui les a destinées au culte religieux, ne

change dans la fuite cette deftination &
ne les applique à d'autres ufages ; car elles
font de fon domaine, ainfi que toutes les
autres chofes publiques.

§. VI. C'eft donc une fuperftition grof-
fière que de croire que par la confécration
ou deftination de ces chofes au fervice de
Dieu, elles changent, pour ainfi dire, de
maître, & qu'elles n'appartiennent pas aux
hommes, qu'elles foient-tout-à-fait & abfolument fouftraites du commerce, & que
la propriété en paffe des hommes à Dieu :
fuperftition dangereufe qui doit fon origine à l'efprit ambitieux des Miniftres de
la Religion.

§. VII. Il faut donc confidérer les chofes
facrées, comme des chofes publiques qui
appartiennent à l'Etat ou au Souverain.
Toute la liberté que donne le droit de la
guerre fur les chofes qui appartiennent à
l'Etat, elle la donne auffi par rapport aux
chofes facrées : elles peuvent donc être
endommagées ou détruites par l'ennemi,
du moins autant que le demande le but
légitime de la guerre ; mais cette modification, cette limitation que nous mettons
au dégât des chofes facrées ou religieufes
ne leur eft pas particulière.

§. VIII. En général, il est évident qu'il n'est pas permis de faire le dégât pour le dégât même, mais qu'il n'est juste & innocent que lorsqu'il peut avoir quelque rapport à la fin de la guerre, c'est-à-dire, lorsqu'il nous en revient à nous-mêmes quelque avantage direct en nous appropriant le bien des ennemis, ou que du moins en les ravageant & les détruisant, nous l'affoiblissons en quelque manière. Ce seroit une fureur egalement insensée & criminelle que de faire du mal à autrui, sans qu'il nous en revînt à nous-mêmes aucun bien ni directement ni indirectement : il n'arrive guéres, par exemple, qu'il soit nécessaire après la prise d'une ville de ruiner les temples, les statues ou les autres bâtimens publics ou particuliers ; il faut donc pour l'ordinaire les épargner aussi-bien que les tombeaux & les sépulchres.

§. IX. Disons même que par rapport aux choses sacrées, ceux qui croient qu'elles renferment quelque chose de divin & d'inviolable, font mal, à la vérité, d'y toucher en aucune manière ; mais c'est seulement parce qu'ils agissent contre leur propre conscience. Enfin on peut remarquer encore une autre raison qui pouvoit justifier les Païens du reproche de sacrilége, lors même qu'ils pilloient les temples des Dieux qu'ils reconnoissoient pour tels ; c'est qu'ils s'imaginoient que lorsqu'une ville venoit à être prise, les Dieux qu'on y adoroit abandonnoient en même temps leurs Temples & leurs Autels, sur tout après qu'ils les avoient *évoqués*, eux & toutes les choses sacrées, avec certaines cérémonies : c'est ce qu'a fort bien développé feu M. COCCEIUS dans sa dissertation *de evocatione Sacrorum*.

§. X. Ajoutons enfin sur cette matière, les sages réflexions que fait GROTIUS pour engager les Généraux d'armées à garder, à l'égard du dégât, une juste modération par le fruit qui peut leur en revenir à eux - mêmes : & premièrement , dit-il , „ on ôtera par-là à l'ennemi une des plus „ puissantes armes, je veux dire le de- „ sespoir. De plus, en usant de la modé- „ ration dont il s'agit, on donne lieu de „ croire que l'on a grande espérance de „ remporter la victoire , & la clémence „ par elle-même est très-propre à dompter „ & à gagner les esprits : c'est ce que l'on „ pourroit prouver par plusieurs faits con- „ sidérables „.

§. XI. Outre le pouvoir que donne la guerre de gâter & de détruire les biens de l'ennemi, elle donne encore le droit d'acquerir, de s'approprier & de retenir en confcience les chofes que l'on a prifes fur l'ennemi, jufqu'à la concurrence de la fomme qui nous eft due, y compris les frais de la guerre à laquelle l'ennemi nous a engagé pour n'avoir pas voulu nous fatisfaire, & même ce que l'on juge à propos de garder comme une fureté pour l'avenir.

§. XII. Selon les régles du droit des gens, non feulement ceux qui ont pris les armes pour un jufte fujet, mais encore tous ceux qui font la guerre, acquièrent la propriété de ce qu'ils prennent à l'ennemi, & cela fans régle ni mefure, du moins quant aux effets extérieurs dont le droit de propriété eft accompagné : c'eft-à-dire, que les Nations neutres doivent regarder les deux parties qui font en guerre, comme propriétaires légitimes de ce qu'ils peuvent acquerir l'un fur l'autre par la force des armes. L'état même de neutralité ne leur permettant pas de prendre parti, & de traiter l'un ou l'autre de ceux qui font en guerre comme un ufurpateur , felon les principes que nous avons établis ci-deffus.

§. XIII. Cela eft vrai généralement, tant à l'égard des chofes mobiliaires que des immeubles , pendant qu'elles font entre les mains de celui qui les a acquifes par droit de guerre ; mais fi des mains du vainqueur elles font déja paffées entre les mains d'un tiers , rien n'empêche fi ce font des immeubles , que celui fur lequel elles ont été prifes ne tâche de les revendiquer fur ce tiers qui les tient de fon ennemi à quelque titre que ce foit ; car il a autant de droit contre le nouveau poffeffeur , que contre fon ennemi même.

§. XIV. J'ai dit, *fi ce font des immeubles ;* car pour ce qui eft des chofes mobiliaires , comme elles peuvent paffer aifément par le commerce entre les mains des fujets d'un Etat neutre , fans que ceux qui les acquièrent fçachent fouvent que ce font des chofes prifes à la guerre , la tranquillité des peuples , le bien du commerce & l'état même de neutralité , demandent qu'elles foient toujours réputées de bonne prife , & appartenir de plein droit à celui de qui on les tient ; mais il n'en eft pas de même des immeubles , ils font immo-

biles de leur nature, & ceux à qui un
Etat qui les a pris fur fon ennemi, veut
les céder, ne peuvent pas ignorer la manière dont il les poſſéde.

§. XV. On demande quand eſt-ce que
les choſes priſes par droit de guerre, font
cenſées véritablement priſes & appartenir
à celui qui s'en eſt mis en poſſeſſion ?
GROTIUS répond en Juriſconſulte, qu'on
eſt cenſé avoir pris par droit de guerre
les choſes mobiliaires, du moment qu'elles
font à couvert de la pourſuite de l'ennemi,
ou qu'on s'en eſt rendu maître de telle
manière, que l'ennemi à qui on les a en-
levées doive vraiſemblablement avoir perdu
l'eſpérance de les recouvrer. C'eſt ainſi,
dit-il, que les vaiſſeaux & les autres
choſes dont l'on s'empare ſur mer, ne ſont
cenſées priſes que lorſqu'on les a amenées
dans quelque port ou quelque havre de
notre dépendance, ou bien dans l'endroit
de la mer où ſe tient une flotte entière
que l'on y a envoyée ; car ce n'eſt qu'alors
que l'ennemi commence à deſeſpérer de les
recouvrer.

§. XVI. Mais, pour moi, il me ſemble
que cette manière de répondre à la queſtion eſt tout-à-fait arbitraire, & qu'elle

n'a aucun fondement naturel. Je ne vois pas pourquoi les prises qu'une des parties a fait sur l'autre, ne lui appartiennent pas du moment même qu'il les a faites ; car enfin, un ennemi se trouve dans toutes les circonstances nécessaires pour acquerir la propriété dans le moment même de la capture : il a l'intention d'acquerir une cause ou un titre d'acquisition juste, sçavoir, le droit de la guerre, & il posséde actuellement la chose, & si le principe que suppose GROTIUS avoit lieu & que les choses prises sur l'ennemi ne fussent censées bien prises, que lorsqu'elles sont transportées en lieu de sureté, il s'ensuivroit que le butin qu'une petite troupe de soldats auroit fait sur l'ennemi, pourroit lui être enlevé par une troupe plus forte du même parti, comme appartenant encore à l'ennemi sur qui il a été fait, supposé que cette seconde troupe attaquât la première avant que celle-ci eût transporté son butin en lieu de sureté.

§. XVII. Cette dernière circonstance est donc tout-à-fait indifférente à la question dont il s'agit, la difficulté plus ou moins grande que peut rencontrer l'ennemi dépouillé à recouvrer ce qu'on lui a enlevé, n'empêche point que ce qui a été pris n'appartienne actuellement au vainqueur; tout ennemi comme tel & tant qu'il demeure tel, conserve toujours la volonté de recouvrer ce que l'autre lui a pris, l'impuissance où il se trouve pour l'heure ne fait que le réduire à la nécessité d'attendre un temps plus favorable, qu'il cherche & qu'il souhaite toujours. Ainsi par rapport à lui, la chose ne doit pas être plus censée prise lorsqu'elle est en lieu de sûreté, que quand il est encore en état de la poursuivre : tout ce qu'il y a, c'est que dans ce dernier cas la possession du vainqueur n'est pas aussi assurée que dans le premier; & la vérité est que cette distinction n'a été inventée que pour établir les régles du droit de *Postliminie*, ou la manière dont les sujets de l'Etat à qui l'on a pris quelque chose dans la guerre, rentrent dans leurs droits, plutôt que pour déterminer le temps de l'acquisition des choses prises d'ennemi à ennemi.

§. XVIII. Voilà ce qu'il me semble que le droit naturel décide sur cette question. GROTIUS remarque encore, que par l'usage établi de son temps entre les peuples de l'Europe, il suffit que ces choses ayent été vingt-quatre heures au pouvoir de celui qui les a prifes fur l'ennemi, pour qu'elles foient cenfées lui appartenir. M. DE THOU dans fon hiftoire fur l'année 1595, nous donne un exemple que cela fe pratiquoit ainfi fur terre. La ville de Liere en Brabant, ayant été prife & reprife dans le même jour, le butin fait fur les habitans leur fut rendu, parce qu'il n'avoit pas été vingt-quatre heures entre les mains des ennemis ; mais cette régle fut changée enfuite par rapport aux Provinces-unies ; & en général on peut remarquer que chaque Souverain peut établir là-deffus telle régle qu'il juge à propos, & faire à ce fujet des concordats avec les autres Souverains : il y en a eu plufieurs faits à différens temps, entre les Hollandois & les Efpagnols, les Portugais & les Etats du Nord.

§. XIX. GROTIUS applique auffi ces principes aux terres ; elles ne font pas cenfées prifes du moment qu'on les occupe ; mais il faut pour cela qu'elles foient environnées de fortifications durables, enforte que l'ennemi ne puiffe y entrer ouvertement qu'en forçant ces retranchemens : mais on peut appliquer à ce cas-ci les

réflexions

réflexions que nous avons faites ci-deſſus. Un Terrein appartient à l'ennemi dès qu'il en eſt le maître, & auſſi long-temps qu'il en demeure en poſſeſſion, le plus ou le moins de précautions qu'il peut prendre pour s'en aſſurer ne fait rien à cela.

§. XX. Mais quoi qu'il en ſoit, il faut bien remarquer ici que pendant tout le temps de la guerre, le droit qu'on acquiert ſur les choſes dont on a dépouillé l'ennemi, n'eſt valable que par rapport à un tiers neutre ; car l'ennemi lui-même peut reprendre ce qu'il a perdu toutes les fois qu'il en trouve le moyen, juſqu'à ce que par un traité de paix, il ait renoncé à toutes ſes prétentions.

§. XXI. Il eſt certain encore, que pour pouvoir s'approprier une choſe par droit de guerre, il faut qu'elle appartienne à l'ennemi ; car celles qui appartiennent à des gens qui ne ſont ni ſes ſujets, ni animés du même eſprit que lui contre nous, ne ſçauroient être priſes par droit de guerre, encore même qu'elles ſe trouvent ſur les terres de l'ennemi ; mais ſi des étrangers neutres fourniſſoient à notre ennemi quelque choſe, & cela à deſſein de le mettre en état de nous nuire, ils peuvent alors être regardés comme étant du parti de notre ennemi, & par conséquent leurs effets font fujets à être pris par droit de guerre.

§. XXII. Il faut pourtant remarquer à ce fujet que dans le doute, la préfomption eft toujours, que ce que l'on trouve en pays ennemi ou dans un de fes vaiffeaux, eft cenfé lui appartenir; car outre que cette préfomption eft très-naturelle, fi la maxime contraire avoit lieu, elle fourniroit l'occafion à une infinité de fraudes; mais cette préfomption, quelque raifonnable qu'elle foit en elle-même, peut être détruite par des preuves contraires.

§. XXIII. Les vaiffeaux appartenant à des amis ne font pas non plus de bonne prife, à caufe de quelques effets des ennemis qui s'y trouvent, à moins qu'ils n'y ayent été mis par le confentement du maître du vaiffeau, qui par là femble violer la neutralité ou l'amitié, & nous donner un jufte droit de le traiter comme ennemi.

§. XXIV. Mais il faut en général remarquer fur toutes ces queftions, qu'il eft de la prudence & de la fageffe des Souverains de s'entendre entr'eux fur ces différens cas par des concordats précis, afin d'éviter les difputes qui en peuvent naître.

§. XXV. Remarquons encore que c'eft une conféquence des principes que nous venons d'établir, que quand on a pris fur l'ennemi des chofes dont il avoit dépouillé lui-même quelqu'autre par droit de guerre, l'ancien poffeffeur qui les a ainfi perdues ne peut point les réclamer entre nos mains.

§. XXVI. Une autre queftion que l'on fait ici, c'eft de fçavoir, fi les chofes prifes dans une guerre publique & folemnelle, appartiennent à l'Etat ou aux particuliers qui en font membres, ou à ceux qui en ont fait eux-mêmes le butin ? Je réponds, que comme c'eft au Souverain feul qu'appartient le droit de faire la guerre, & que c'eft toujours par fon autorité qu'elle fe fait, c'eft auffi à lui qu'eft acquis originairement & premièrement tout le butin, qui que ce foit qui le faffe.

§. XXVII. Cependant, comme il n'y a point de citoyen à qui la guerre ne foit onéreufe, il eft de l'équité & de l'humanité du Souverain de faire enforte que chacun fe reffente des avantages qui en peuvent revenir : pour cet effet, ou l'on peut donner à ceux que l'on fait marcher en campagne, une paye des deniers publics, ou partager entr'eux le butin : pour ce qui eſt des troupes étrangères, le Souverain n'eſt tenu que de leur payer exactement leur ſolde ; ce qui eſt au delà eſt pure libéralité.

§. XXVIII. GROTIUS qui examine fort au long cette queſtion, diſtingue les actes d'hoſtilité véritablement publics, & les actes particuliers d'hoſtilité faits d'autorité privée à l'occaſion d'une guerre publique. Par les derniers, ſelon lui, les particuliers acquièrent pour eux-mêmes premièrement & directement, ce qu'ils prennent ſur l'ennemi ; au lieu que par les premiers tout ce que l'on prend eſt au profit du Peuple ou du Souverain. Mais on a eu raiſon de critiquer cette déciſion ; toute guerre publique ſe faiſant par autorité du peuple ou du chef du peuple, c'eſt de lui auſſi que vient originairement tout le droit que des particuliers peuvent avoir ſur les choſes priſes à l'ennemi : il faut toujours ici un conſentement ou exprès ou tacite du Souverain.

§. XXIX. Remarquons encore ſur cette queſtion, que GROTIUS en la traitant a confondu deux chofes différentes. La première dont il s'agit, ne fe rapporte point au droit des gens proprement ainfi nommé ; car de quelque manière qu'on entende ce droit , & fur quoi qu'on le fonde, il doit regarder les affaires que les peuples ont à démêler enfemble ; or que le butin appartienne au Souverain qui fait la guerre , ou aux Généraux d'armées, ou aux foldats, ou à toute autre perfonne qui a pris quelque chofe fur l'ennemi , cela ne fait rien , ni à l'ennemi même ni aux autres peuples. Si ce qui eft pris eft de bonne prife, il importe fort peu à l'ennemi entre les mains de qui il demeure. Pour ce qui eft des peuples neutres , il fuffit que ceux d'entr'eux qui ont acheté ou acquis de quelque autre manière une chofe mobiliaire acquife à la guerre , ne puiffent point être inquiétés ou recherchés là-deffus. La vérité eft que les réglemens & les ufages qu'il y a fur ce fujet, ne font point de droit public, & leur conformité , dans plufieurs pays, n'emporte autre chofe qu'un droit civil commun à plufieurs peuples féparément.

§. XXX. Pour ce qui regarde en particulier l'acquifition des *chofes incorporelles* par droit de guerre , il faut remarquer

qu'on n'en devient maître que quand on
est en possession du sujet même auquel elles
sont attachées ; or elles accompagnent ou
les choses ou les personnes. On attache
souvent, par exemple, aux fonds de terres, aux rivières, aux ports, aux villes,
certains droits qui les suivent toujours à
quelques possesseurs qu'elles parviennent,
ou plutôt ceux qui les possèdent, ont par
cela seul certains droits sur d'autres choses
ou sur d'autres personnes.

§. XXXI. Les droits qui conviennent
directement & immédiatement à une personne, regardent ou d'autres personnes ou
seulement certaines choses : ceux qu'une
personne a sur une autre personne, ne s'acquièrent que par le consentement de celle-
ci, qui est censée n'avoir voulu donner
pouvoir sur elle qu'à une certaine personne
déterminée & non à une autre ; ainsi lorsqu'on a pris le Roi du peuple avec qui on
est en guerre, on n'est pas pour cela seul
maître de son Royaume.

§. XXXII. Mais à l'égard des droits
personnels sur les choses, il ne suffit pas
de s'être saisi de la personne de l'ennemi
pour avoir acquis tous ses biens, à moins
qu'on ne s'empare en effet de ces biens

mêmes dans l'occasion. On peut voir là-dessus l'exemple que donne GROTIUS & PUFFENDORF, de la donation que fit ALEXANDRE LE GRAND aux Thessaliens, après avoir détruit la ville de Thebes, d'un contrat par lequel les Thessaliens reconnoissoient devoir aux Thébains cent talens.

§. XXXIII. Tels sont les droits que donne la guerre sur les biens de l'ennemi. Au reste, GROTIUS prétend que le droit en vertu duquel on acquiert les choses prises sur l'ennemi, est tellement propre & particulier aux guerres publiques faites dans les formes, qu'il n'a aucun lieu dans les autres comme dans les guerres civiles, &c. & qu'en particulier dans les guerres civiles, il ne fait aucun changement de maître qu'en vertu de la Sentence d'un Juge.

§. XXXIV. Mais on peut remarquer là-dessus, que dans la plûpart des guerres civiles on ne reconnoît point de Juge commun. Si l'Etat est monarchique, la dispute roule ou sur la succession à la Couronne, ou sur ce qu'une partie de l'Etat prétend que le Roi a abusé de son pouvoir d'une manière qui autorise les fujets à prendre les armes contre lui.

§. XXXV. Au premier cas, la nature même du fujet pour lequel on en eft venu à la guerre, fait que les deux parties forment alors comme deux corps diftincts, jufqu'à ce qu'ils viennent à convenir d'un chef par quelque traité ; ainfi, par rapport aux deux partis qui étoient en guerre, c'eft d'un tel traité que dépend le droit que l'on peut avoir fur ce qui a été pris de part & d'autre, & rien n'empêche que la chofe ne foit laiffée fur le même pied, & de la même manière qu'elle a lieu dans les guerres publiques , entre deux Etats toujours diftincts.

§. XXXVI. Pour les autres peuples qui n'avoient point été mêlés dans la guerre, ils ne font plus autorifés à examiner la validité des acquifitions , que lorfqu'il s'agit d'une guerre faite entre deux Etats.

§. XXXVII. L'autre cas, je veux dire le foulèvement d'une partie confidérable de l'Etat contre le Prince régnant , ne peut guéres arriver que quand un Roi y a donné lieu par fa tyrannie ou par la violation des loix fondamentales ; ainfi le Gouvernement eft alors diffous, & le corps fe trouve actuellement divifé en deux corps diftinčts & indépendans, de forte qu'il faut en juger de même que du premier.

§. XXXVIII. A plus forte raifon, cela a-t-il lieu dans les guerres civiles d'un Etat républicain, où la guerre détruit d'abord par elle-même la Souveraineté, qui ne fubfifte que par l'union du corps.

§. XXXIX. Grotius femble avoir pris fes idées là-deffus de l'ançien droit Romain ; mais lé droit Romain vouloit que les prifonniers faits dans une guerre civile ne puffent point être réduits à l'efclavage. C'eft, comme le remarque le Jurifconfulte Ulpien, (1) parce que l'on regardoit la guerre civile comme n'étant pas proprement une guerre, mais une *Diffenfion civile* ; car une véritable guerre fe fait entre ceux qui font ennemis & animés d'un efprit ennemi, qui les porte à chercher la ruine de l'Etat l'un de l'autre ; au lieu que dans une guerre civile, quelque nuifible qu'elle foit le plus fouvent à l'Etat, l'un veut fe fauver d'une manière & l'autre d'une autre ; ainfi ils ne font point ennemis, chacun des deux

____

(1) *L.* 21. §. 1. *ff. de Capt. & revers.*

partis demeure toujours citoyen de l'Etat
ainsi divisé.

§. XL. Mais tout cela est une pure
supposition, ou une *fiction de Droit*, qui
n'empêche pas que tout ce que nous avons
dit ne soit vrai, & n'ait lieu le plus souvent ; & si parmi les Romains on ne
pouvoit s'approprier comme véritablement
esclaves, les prisonniers faits dans une
guerre civile, c'étoit en vertu d'une loi
particulière reçue parmi eux, & non pas
à cause du défaut des conditions ou des
formalités que demande, selon GROTIUS,
une guerre publique & solemnelle selon le
droit des gens.

§. XLI. Enfin, pour ce qui est des
guerres des brigands & des corsaires, si
elles ne sont pas suivies des effets dont
nous avons parlé, si elles ne donnent pas
à ces corsaires le droit de s'approprier ce
qu'ils ont pris, c'est parce que ce sont
des voleurs, des ennemis du genre humain, & par conséquent des gens dont
tous les actes d'hostilité sont manifestement injustes, ce qui autorise toutes les
Nations à les traiter en ennemis ; au lieu
que dans les autres sortes de guerres, il
est souvent assez difficile de juger de quel

côté eſt le bon droit , de ſorte que la choſe demeure & doit demeurer indéciſe par rapport à ceux qui n'ont pris aucun parti.

CHAPITRE VIII.

Du Droit de Souveraineté que l'on acquiert ſur les Vaincus.

§. I. OUTRE tous les effets de la guerre dont nous avons parlé juſqu'ici , il y en a encore un qui eſt le plus conſidérable , & dont il nous reſte à traiter ; je veux dire le droit de Souveraineté que l'on acquiert ſur les vaincus. Nous avons déjà fait cette remarque ci-devant , en expliquant les différentes manières dont on peut acquerir la Souveraineté , c'eſt qu'en général on peut l'acquerir ou d'une manière violente & par droit de conquête, &c.

§. II. Mais il faut bien prendre garde que la guerre ou la conquête, conſidérée en elle-même, n'eſt pas proprement la cauſe de cette acquiſition, elle n'eſt pas la ſource ou l'origine immédiate de la

Souveraineté, c'eſt toujours le conſentement du peuple, ou exprès, ou tacite ;
ſans ce conſentement l'état de guerre
ſubſiſte toujours, & on ne ſçauroit concevoir comment on pourroit être dans
l'obligation d'obéir à celui à qui on n'a
rien promis : la guerre n'eſt donc à proprement parler, que l'occaſion de l'acquiſition de la Souveraineté, & les vaincus aiment mieux ſe ſoumettre au vainqueur, que s'expoſer à une entière deſtruction.

§. III. D'ailleurs l'acquiſition de la
Souveraineté par droit de conquête, ne
peut, à parler à la rigueur, paſſer pour
légitime, à moins que la guerre ne ſoit
juſte en elle-même, & que le but légitime que l'on ſe propoſe, n'autoriſe le
vainqueur à pouſſer les actes d'hoſtilités
juſqu'à acquerir la Souveraineté ſur les
vaincus ; c'eſt-à-dire qu'il faut que notre
ennemi n'ait pas d'autre moyen de s'acquitter envers nous de ce qu'il nous doit,
de nous dédommager, ou que notre propre ſûreté exige que nous le réduiſions
abſolument dans notre dépendance. Dans
ces circonſtances, il eſt certain que la
réſiſtance d'un ennemi vaincu autoriſe à

pousser les actes d'hostilité contre lui , jusqu'à ce qu'il soit entièrement réduit sous notre puissance , & que l'on peut sans injustice profiter de la supériorité que donne la victoire , pour lui extorquer un consentement qu'il nous devroit donner volontiers & de lui-même.

§. IV. Tels sont les véritables principes sur lesquels est établie l'acquisition de la Souveraineté par droit de conquête , d'où l'on peut conclurre que si l'on jugeoit sur ces fondemens des différentes acquisitions de cette nature , la plûpart ne se trouveroient pas trop bien établies ; car il est encore assez rare que les vaincus soient effectivement réduits à cette extrémité , que de ne pouvoir dédommager ou satisfaire aux justes prétentions du vainqueur autrement qu'en se donnant à lui & se soumettant à son empire.

§. V. Disons néanmoins que l'intérêt & la tranquillité des peuples , exigent que l'on s'éloigne un peu de la rigueur des principes que nous venons d'établir ; à la vérité si celui qui a contraint l'autre par la supériorité de ses armes à se soumettre à son empire , avoit entrepris une guerre manifestement injuste , ou si le prétexte fur lequel elle eft fondée, eft un prétexte vifiblement frivole au jugement de toute perfonne tant foit peu raifonnable, j'avoue qu'une Souveraineté acquife dans ces circonftances me paroîtroit vifiblement injufte, & je ne vois pas pourquoi le peuple vaincu feroit plus obligé de tenir un pareil traité, qu'un homme qui, après être tombé entre les mains des brigands, feroit tenu de leur aller porter exactement, ou de payer à leur requifition, l'argent qu'il leur auroit promis pour racheter fa vie ou fa liberté.

§. VI. Mais fi le vainqueur avoit entrepris la guerre pour quelque fujet apparent, quoique peut-être dans le fond il ne fût pas jufte à toute rigueur, l'intérêt commun du genre humain demande que l'on obferve exactement les engagemens où l'on eft entré envers lui, quoiqu'extorqués par une crainte qui étoit injufte en elle-même, du moins auffi longtems qu'il ne furvient pas de nouveau fujet qui puiffe valablement exempter de tenir fa promeffe ; car le droit de nature qui veut que les Sociétés, auffi bien que les Particuliers, travaillent à leur confervation, fait par cela feul regarder, non

pas comme proprement justes les actes
d'hostilité de la part d'un vainqueur injuste, mais l'engagement d'un traité exprès ou tacite, comme ne laissant pas que
d'être néanmoins valide ; ensorte que le
vaincu ne peut se dispenser de le tenir,
sous prétexte de la crainte injuste qui en
est la cause, comme il le pourroit d'ailleurs, sans la considération de l'avantage
qui en revient au genre humain.

§. VII. Ces considérations deviennent
encore plus fortes, si l'on suppose que
le vainqueur ou les siens jouissent paisiblement de la Souveraineté qu'il a acquise
par droit de conquête, & que d'ailleurs
il gouverne les peuples vaincus comme
un vainqueur humain & généreux. Dans
ces circonstances une longue possession,
accompagnée d'un gouvernement équitable, peut légitimer la conquête la plus
injuste dans les commencemens & dans
son principe.

§. VIII. Quelques Jurisconsultes mo-
dernes expliquent la chose un peu autrement : ils soutiennent que dans une guerre
juste, le vainqueur acquiert sur les vaincus un plein droit de Souveraineté par le
droit seul de la victoire, indépendam-

ment d'aucune convention , & cela encore
même que le vainqueur ait d'ailleurs
obtenu toute la satisfaction , & tout le
dédommagement qu'il pouvoit desirer.

§. IX. La principale raison dont ces
Docteurs se servent pour prouver leur sentiment, c'est que sans cela le vainqueur
ne pourroit pas être assuré de posséder
surement & paisiblement ce qu'il a pris ,
ou qu'il a forcé l'ennemi de lui donner
pour ses justes prétentions , puisque les
vaincus pourroient le reprendre par le
même droit de guerre.

§. X. Mais cette raison prouve seulement
que le vainqueur qui s'est emparé du pays
de l'ennemi , peut y commander pendant
qu'il le tient , & ne s'en désaisir que quand
il a pardevers lui de bonnes suretés, qu'il
obtiendra ou qu'il possédera sans crainte ,
ce qui est nécessaire pour la satisfaction &
pour les dédommagemens qu'il a droit
d'exiger par les voies de la force ; mais le
but d'une guerre juste ne demande pas
toujours par lui-même , qu'on acquière sur
les vaincus & en vertu de la victoire un
droit de Souveraineté absolue & perpétuelle ; c'est seulement une occasion favorable de l'acquerir , & il faut toujours pour
cela

cela un confentement, ou exprès ou tacite des vaincus : autrement, l'état de guerre fubfiftant encore, la Souverainé du vain-queur n'a d'autre titre que la force, & ne dure qu'auffi long-temps que les peuples conquis font dans l'impuiffance de fecouer le joug.

§. XI. Tout ce qu'il y a, c'eft que les Puiffances neutres, par cela même qu'elles le font, peuvent & doivent regarder le conquérant comme légitime poffeffeur de la Souveraineté, quand même elles croi-roient la guerre injufte de fa part.

§. XII. La Souveraineté ainfi acquife par droit de guerre ou de conquête, eft pour l'ordinaire une Souveraineté abfolue; mais quelquefois auffi les vaincus ftipulent du vainqueur, des conditions qui mettent quelques limites à la Souveraineté qu'il acquiert fur eux. Quoi qu'il en foit, il eft certain que la conquête n'autorife jamais à gouverner tyranniquement les peuples conquis, puifque, comme nous l'avons vu ci-devant, la Souveraineté la plus abfolue ne donne aucun droit de maltraiter ceux qui fe font rendus; & la nature même de la chofe, & les loix naturelles confpi-rent également à mettre le vainqueur dans l'obligation de gouverner ceux qu'il a subjugués, avec modération & d'une manière équitable.

§. XIII. Il y a donc divers ménagemens, dont on doit user dans l'exercice de l'empire que l'on acquiert sur les vaincus : telle étoit, par exemple, cette sage modération des anciens Romains qui confondoient, pour ainsi dire, les vaincus avec les vainqueurs, en se hâtant de les incorporer avec eux, & de leur faire part de leur liberté & de leurs avantages. Politique doublement salutaire, qui en même tems qu'elle rendoit plus douce la condition des vaincus, affermissoit considérablement la domination & l'empire des Romains : *Quel empire aurions - nous aujourd'hui,* disoit SENEQUE, *si les vaincus n'eussent été mélés avec les vainqueurs par l'effet d'une sage politique ? Romulus notre fondateur fut bien sage à l'égard de la plûpart des Peuples qu'il subjugua, de faire dans un même jour des citoyens de ses ennemis.*

§. XIV. Une autre modération dans la victoire, consiste à laisser aux Rois ou aux Peuples vaincus la Souveraineté dont ils jouissoient, & à ne point changer la forme de leur Gouvernement : rien ne

peut mieux affurer au vainqueur fa conquête ; l'Hiftoire ancienne, & fur tout
celle des Romains, nous en fournit plufieurs
exemples.

§. XV. Mais fi le vainqueur ne peut
pas, fans danger pour lui-même, accorder toutes ces douceurs aux vaincus, on
peut prendre alors différens tempéramens,
comme de laiffer aux vaincus ou à leurs
Rois, quelque partie de la Souveraineté.
Lors même que l'on dépouille entiérement les vaincus de leur Souveraineté,
on peut encore leur laiffer, pour ce qui
regarde leurs affaires particulières & les
publiques de peu d'importance, leurs Loix,
leurs Coûtumes & leurs Magiftrats.

§. XVI. Il faut fur tout ne point ôter
aux vaincus l'exercice libre de leur Religion, à moins qu'ils ne vinffent à être
perfuadés de la vérité de celle dont le
vainqueur fait profeffion : non feulement
cette complaifance eft par elle-même très-
agréable aux vaincus, mais le vainqueur
eft abfolument obligé de l'avoir pour eux ;
il ne fçauroit les violenter à cet égard
fans tyrannie. Ce n'eft pas que le vainqueur ne doive tâcher d'amener les peuples vaincus à la vraie Religion ; mais

il ne doit employer pour cela que des moyens proportionnés à la nature de la chose, & au but qu'il a en vue, & qui n'ayent en eux-mêmes rien de violent & de contráire à l'humanité.

§. XVII. Remarquons enfin, que ce n'eft pas feulement l'humanité qui veut que l'on obferve tout ce que nous venons de dire à l'égard des peuples que l'on a fubjugués, mais encore la prudence & l'intérêt même du vainqueur le demandent ainfi ; c'eft une maxime importante de la politique, qu'il eft plus difficile de garder les Provinces que de les conquérir. Les conquêtes ne demandent que la force, mais il n'y a que la juftice qui les conferve. Voilà ce qu'il y avoit de principal à remarquer fur les différens effets de la guerre, & fur les queftions les plus effentielles qui y ont rapport ; mais comme nous avons eu déjà occafion de parler ci-devant de la neutralité, il ne fera pas hors de propos d'en dire ici quelque chofe de plus précis.

De la Neutralité.

§. I. Il y a une *Neutralité générale*, & une *Neutralité particulière*. La neutralité générale, c'eſt lorſque ſans être allié d'aucun des deux ennemis qui ſont en guerre, on eſt tout diſpoſé à rendre également à l'un & à l'autre les devoirs auſquels chaque peuple eſt naturellement tenu envers les autres.

§. II. La neutralité particulière, c'eſt lorſqu'on s'eſt particulièrement engagé à être neutre par quelque convention ou expreſſe ou tacite.

§. III. La dernière ſorte de neutralité eſt ou pleine & entière, lorſque l'on agit également à tous égards envers l'une & l'autre partie ; ou limitée, enſorte que l'on favoriſe une partie plus que l'autre, à l'égard de certaines choſes ou de certaines actions.

§. IV. On ne ſçauroit légitimement contraindre perſonne à entrer dans une neutralité particulière, parce qu'il eſt libre à chacun de faire ou de ne pas faire des traités ou des alliances, ou qu'on ne peut du moins y être tenu qu'en vertu d'une obligation imparfaite ; mais celui qui a entrepris une guerre juſte , peut obliger les autres peuples à garder exactement la neutralité générale, c'eſt-à-dire à ne pas favoriſer ſon ennemi plus que lui-même.

§. V. Voici donc à quoi fe réduifent les devoirs des peuples neutres : ils font obligés de pratiquer également envers l'un & l'autre de ceux qui fe font la guerre, les loix du droit naturel, tant abfolues que conditionnelles, & foit qu'elles impofent une obligation parfaite ou feulement imparfaite.

§. VI. S'ils rendent à l'un d'eux quelque fervice d'humanité, ils ne doivent pas le refufer à l'autre, à moins qu'il n'y ait quelque raifon manifefte qui les engage à faire en faveur de l'un quelque chofe que l'autre n'auroit d'ailleurs aucun droit d'exiger.

§. VII. Mais ils ne font tenus à rendre les fervices d'humanité à aucune des deux parties, lorfqu'ils s'expoferoient à de grands dangers en les refufant à l'autre qui a autant de droit de les exiger.

§. VIII. Ils ne doivent fournir ni à l'un ni à l'autre les chofes qui fervent à exercer les actes d'hoftilité, à moins qu'ils n'y foient autorifés par quelque engagement particulier ; & pour celles qui ne font d'aucun ufage à la guerre, fi on les fournit à l'un, il faut auffi les fournir à l'autre.

§. IX. Ils doivent travailler de tout leur possible à faire ensorte qu'on en vienne à un accommodement que la partie léfée obtienne satisfaction, & que la guerre finisse au plûtot.

§. X. Que s'ils se sont engagés en particulier à quelque chose, ils doivent l'exécuter ponctuellement.

§. XI. D'autre côté, il faut que ceux qui sont en guerre observent exactement envers les peuples neutres, les loix de la sociabilité, qu'ils n'exercent contre eux aucun acte d'hostilité, & qu'ils ne souffrent pas qu'on les pille ou qu'on ravage leur pays.

§. XII. Ils peuvent pourtant dans une extrême nécessité s'emparer d'une place située en pays neutre, bien entendu qu'aussi-tôt que le péril sera passé, on la rendra à son maître, en lui payant le dommage qu'il en aura reçu.

CHAPITRE IX.

Des Traités publics en général.

§. I. LA matière des traités publics fait une partie considérable du droit des gens, & mérite que l'on en développe les principes & les régles avec quelque exactitude. Nous entendons ici par les traités publics, les conventions qui ne peuvent être faites qu'en vertu d'une autorité publique, ou que les Souverains considerés comme tels font les uns avec les autres, sur des choses qui intéressent directement le bien de l'Etat ; c'est ce qui distingue ces conventions, non-seulement de celles que les particuliers font entr'eux, mais encore des contrats que les Rois font au sujet de leurs affaires particulières.

§. II. Ce que nous avons remarqué ci-devant sur la nécessité qu'il y avoit d'introduire l'usage des conventions entre les hommes, & les avantages qui leur en reviennent, tout cela trouve son application à l'égard des Nations & des différens Etats : les Nations peuvent, au moyen des traités, s'unir ensemble par une société plus particulière, qui leur assure réciproquement des secours utiles, soit pour les besoins & les commodités de la vie, soit pour pourvoir d'une manière efficace à leur sûreté en cas de guerre.

§. III. Cela étant, les Souverains ne sont pas moins obligés que les particuliers, de tenir inviolablement leur parole, & d'être fidéles à leurs engagemens. Le droit des gens fait de cette maxime un devoir indispensable ; car il est aisé de sentir, que sans cela, non seulement les traités publics ne seroient d'aucune utilité aux nations, mais que d'ailleurs leur violation les jeteroit dans un état de défiance & de guerre continuelle, c'est-à-dire, dans l'état le plus fâcheux. L'obligation où sont les Souverains à cet égard, est donc d'autant plus forte, que la violation de ce devoir a des suites plus dangereuses, & qui intéressent le bonheur d'une infinité de particuliers. La sainteté du serment, qui accompagne pour l'ordinaire les traités publics, est encore une nouvelle raison pour engager les Princes à les observer avec la dernière fidélité ;

& certainement rien n'est plus honteux pour les Souverains, qui puniſſent ſi rigoureuſement ceux de leurs ſûjets qui manquent à leurs engagemens, que de ſe jouer eux-mêmes des traités & de la bonne foi, & de ne les regarder que comme un moyen de ſe duper les uns les autres.

La Parole royale doit donc être inviolable & ſacrée ; mais il y a tout lieu de craindre, que ſi les Princes ne ſont pas plus attentifs là - deſſus, bientôt cette expreſſion ne dégénère dans un ſens tout oppoſé, & de la même manière qu'anciennement, † la *Bonne - foi Carthaginoiſe*, ſe prenoit pour la *Perfidie*.

§. IV. Il faut encore remarquer ici que tous les principes que nous avons établis ci-devant ſur la validité ou l'invalidité des conventions en général, conviennent aux traités publics auſſi bien qu'aux contrats des particuliers ; il faut donc dans les uns comme dans les autres, un conſentemement ſérieux, déclaré convenablement, exempt *d'erreur*, de *dol*, de *violence*.

§. V. Si des Traités faits dans ces cir-

____

† *Punica Fides.*

conftances, font obligatoires entre les Etats ou les Souverains qui les ont faits, ils le font auffi par rapport aux fujets de chaque Prince en particulier ; ils font obligatoires comme conventions entre les Puiffances contractantes ; mais ils ont force de loi à l'égard des fujets confidérés comme tels, & il eft bien manifefte que deux Souverains qui font enfemble un traité, impofent par là à leurs fujets l'obligation d'agir d'une manière conforme au traité, & de ne rien faire qui y foit contraire.

§. VI. L'on fait plufieurs diftinctions des traités publics. Et 1°., il y en a qui roulent fimplement fur des chofes aufquelles on étoit déja obligé par le droit naturel, & d'autres par lefquelles on s'engage à quelque chofe de plus.

§. VII. Il faut mettre au premier rang tous les traités par lefquels on s'engage purement & fimplement à ne point fe faire du mal les uns aux autres, & à fe rendre au contraire les devoirs de l'humanité. Parmi les peuples civilifés qui font profeffion de fuivre les loix naturelles, ces fortes de traités ne font pas néceffaires ; le feul devoir fuffit fans un engagement formel ; mais chez les Anciens, ces sortes de traités étoient regardés comme nécesfaires, l'opinion commune étant que l'on n'étoit tenu d'obferver les loix de l'humanité, qu'envers fes Concitoyens, & que l'on pouvoit regarder & traiter les étrangers fur le pied d'ennemis, à moins que l'on n'eût pris avec eux quelque engagement contraire ; c'eft de quoi l'on trouve plufieurs preuves dans les Hiftoriens. La profeffion de brigand ou de pirate n'avoit rien de honteux chez plufieurs nations, & le mot *hoftis* dont on fe fervoit en latin, pour dire un ennemi, ne fignifioit au commencement qu'un étranger.

§. VIII. L'on rapporte à la feconde claffe tous les traités par lefquels deux Peuples entrent l'un à l'égard de l'autre dans quelque obligation nouvelle, ou plus particulière, comme lorfqu'ils s'engagent formellement à des chofes aufquelles ils n'étoient tenus qu'en vertu d'une obligation imparfaite, ou même aufquelles ils n'étoient nullement obligés auparavant.

§. IX. 2°. Les Traités par lefquels on s'engage à quelque chofe de plus qu'à ce qui étoit dû en vertu du droit naturel commun à tous les hommes, font encore de deux fortes, fçavoir, ou *égaux* ou *inégaux*.

3ᵉ. Et les uns & les autres fe font encore, ou pendant la guerre ou en pleine paix.

§. X. Les traités égaux font ceux que l'on contracte avec une entière égalité de part & d'autre : c'eft-à-dire , dans lefquels non feulement on promet de part & d'autre des chofes égales , ou purement & fimplement, ou à proportion des forces de chacun des contractants , mais on s'y engage encore fur le même pied ; enforte que l'une des parties ne fe reconnoît inférieure à l'autre en quoi que ce foit.

§. XI. Ces fortes de traités fe font, ou en vue du *Commerce*, ou de la *Guerre*, ou d'autres chofes ; à l'égard du commerce, par exemple, en ftipulant que les Sujets de part & d'autre feront francs de tous impôts & de tous droits d'entrée & de fortie, ou qu'on n'exigera jamais d'eux davantage que des gens même du pays, &c. Dans les alliances égales qui concernent la guerre, on ftipule, par exemple, que chacun fournira à l'autre une égale quantité de troupes, de vaiffeaux ou d'autres chofes ; & cela ou dans toutes fortes de guerres, tant offensives que défensives, ou dans les défensives seulement, &c. Enfin les alliances d'égalité peuvent encore rouler sur d'autres choses, comme lorsqu'on s'engage à n'avoir point de place forte sur les frontières l'un de l'autre, à ne point accorder de protection ou donner retraite aux Sujets l'un de l'autre, en cas de crime ou de desobéissance, ou même à les faire saisir & à les renvoyer, à ne point donner passage aux ennemis l'un de l'autre.

§. XII. Ce que l'on vient de dire fait assez comprendre ce que c'est que les traités inégaux, dans lesquels ce que l'on promet de part & d'autre n'est pas égal, ou bien qui rendent l'un des alliés inférieur à l'autre. L'inégalité des choses stipulées est tantôt du côté de la Puissance la plus considérable, comme si elle promet du secours à l'autre, sans en stipuler aucun de lui, ou du côté de la Puissance inférieure en dignité, comme lorsqu'elle s'engage à faire en faveur de la Puissance supérieure, plus que celle-ci ne promet de son côté.

§. XIII. Toutes les conditions des alliances inégales ne sont pas de même nature ; les unes font telles, que quoiqu'onéreufes à l'allié inférieur, elles laiffent pourtant la Souveraineté dans fon entier ; d'autres, au contraire, donnent quelque atteinte à l'indépendance & à la fouveraineté de l'allié inférieur, & la diminuent en quelque chofe.

Ainfi dans le traité des Romains avec les Carthaginois, après la feconde guerre punique, il étoit porté que les Carthaginois ne pourroient faire la guerre à perfonne, ni au dedans ni au dehors de l'Afrique, fans le confentement du peuple Romain, ce qui tout évidemment donnoit atteinte à la Souveraineté de Carthage, & la mettoit fous la dépendance de Rome.

Mais la Souveraineté de l'allié inférieur demeure en fon entier, quoiqu'il s'engage, par exemple, à payer l'armée de l'autre, à lui rembourfer les frais de la guerre, à rafer les fortifications de quelque place, à donner des ôtages, à tenir pour amis ou pour ennemis tous les amis ou ennemis de l'autre, à n'avoir point de places fortes à certains endroits, à ne point faire voile en certaines mers, à reconnoître la prééminence de l'autre , & à lui témoigner dans l'occafion quelque déférence, &c.

§. XIV. Cependant, quoique ces conditions & d'autres semblables ne donnent point atteinte à la Souveraineté, il faut convenir que ces sortes de traités d'inégalité ont souvent beaucoup de délicatesse, & que si le Prince qui est au dessus de l'autre en dignité, le surpasse aussi beaucoup en force & en puissance, il est à craindre que le premier n'acquière peu à peu une autorité & une domination proprement ainsi nommée, sur tout si le traité est perpétuel.

§. XV. 4°. L'on fait encore une autre division des traités publics ; c'est qu'il y en a de *réels* & de *personnels*. Les traités personnels sont ceux que l'on fait avec un Roi considéré personnellement, ensorte que le traité expire avec lui. Les traités réels sont au contraire ceux où l'on ne traite pas tant avec le Roi ou avec les chefs du peuple, qu'avec tout le corps de l'Etat, & qui par conséquent subsistent après la mort de ceux qui les ont faits & obligent leurs successeurs.

§. XVI. Pour sçavoir à présent à laquelle de ces deux classes il faut rapporter tel ou tel traité, voici les principales régles que l'on peut établir.

1°. Il

1°. Il faut d'abord faire attention à la teneur même du traité, à ſes clauſes & aux vues que ſe ſont propoſées les parties contractantes. *Utrum autem in rem, an in perſonam pactum factum eſt, non minus ex verbis, quam ex mente convenientium æſtimandum eſt* (1). Ainſi, s'il y a une clauſe expreſſe que le traité eſt fait à perpétuité, ou pour un certain nombre d'années, ou pour le bien de l'Etat, ou avec le Roi, pour lui & ſes ſucceſſeurs, on voit aſſez par là que le traité eſt réel.

2°. Tout traité fait avec une République eſt réel de ſa nature, parce que le ſujet avec lequel on contracte, eſt une choſe permanente.

3°. Encore même que le Gouvernement vienne à être changé de républicain en monarchique, le traité ne laiſſe pas de ſubſiſter, parce que le corps eſt toujours le même, il a ſeulement un autre chef.

4°. Il faut pourtant faire ici une exception, c'eſt lorſqu'il paroît que la conſtitution du Gouvernement républicain a été la véritable & le fondement du traité, comme ſi deux Républiques avoient con

---

(1) *Leg.* 7. §. 8. *ff. de Pactis.*

tracté une alliance pour la confervation de leur Gouvernement & de leur liberté.

5°. Dans un doute, tout traité public fait avec un Roi doit être tenu pour réel, parce que dans le doute un Roi eft cenfé agir comme chef de l'Etat & pour le bien de l'Etat.

6°. D'où il s'enfuit que comme après le changement du Gouvernement démocratique en monarchique, un traité ne laiffe pas de fubfifter avec le nouveau Roi ; de même fi le Gouvernement devient républicain de monarchique qu'il étoit ; le traité fait avec le Roi n'expire pas pour cela, à moins qu'il ne fût manifeftement perfonnel.

7°. Tout traité de paix eft réel de fa nature, & doit être gardé par les fucceffeurs ; car auffi-tôt que l'on a exécuté ponctuellement les conditions du traité, la paix efface entièrement les injures qui avoient allumé la guerre, & rétablit les Nations dans l'état où elles doivent être naturellement

8°. Si l'une des parties ayant déja exécuté quelque chofe à quoi elle étoit tenue par le traité, l'autre vient de mourir avant que d'avoir exécuté de fon côté fes engagemens , le fuccesseur du Roi défunt eft obligé ou de dédommager entièrement l'autre partie de ce qu'elle a fait ou donné, ou d'exécuter lui-même ce à quoi fon prédéceffeur s'étoit engagé.

9°. Que s'il n'y a encore rien d'exécuté de part ni d'autre, ou fi ce qui a été fait de part & d'autre eft égal , alors fi le traité tend directement à l'avantage perfonnel du Roi ou de fa famille, il eft clair qu'auffi-tôt qu'il vient à mourir ou que la famille eft éteinte, le traité finit de lui-même.

10°. Enfin il faut remarquer qu'il a comme paffé en coutume, que les fucceffeurs doivent renouveller du moins en termes généraux, les traités manifeftement reconnus pour réels, afin qu'ils foient plus fortement obligés à les obferver, & qu'ils ne s'en croient pas difpenfés, fous prétexte qu'ils ont d'autres idées touchant les intérêts de l'Etat, que celles qu'avoient leurs prédéceffeurs.

§. XVII. L'on fait encore cette queftion, fçavoir, s'il eft permis de faire des traités & des alliances avec ceux qui ne profeffent pas la véritable Religion ? Je réponds que par le droit de nature, il n'y a point de difficulté là-deſſus. Le droit de faire des traités eſt commun à tous les hommes, & n'a rien d'oppoſé aux principes de la vraie Religion, qui bien loin de condamner la prudence & l'humanité, recommande fortement l'une & l'autre (2).

§. XVIII. Pour bien juger des cauſes qui mettent fin aux traités publics, il ne faut que faire attention aux régles des conventions en général.

1°. Ainſi un traité conclu pour un certain temps, expire au bout du terme dont on eſt convenu.

2°. Un traité expiré n'eſt point cenſé tacitement renouvellé ; car une nouvelle obligation ne ſe préſume pas aiſément.

3°. Lors donc qu'après le terme expiré on exerce encore quelques actes qui paroiſſent conformes aux engagemens du traité précédent, ils doivent paſſer plutôt pour de ſimples marques d'amitié & de bienveillance, que pour un renouvellement tacite du traité.

4°. A quoi pourtant il faut mettre

(2) Voyez *Grotius*, D. *de la* G. *& de la* P. *Liv. II. Chap.* XV. §. *8, 9, 10, 11, 12.*

cette exception, à moins que les choses que l'on a faites depuis l'expiration du traité ne puissent souffrir d'autre interprétation que celle d'un renouvellement tacite de la convention précédente. Par exemple, si un allié s'est engagé à donner à l'autre une certaine somme par an, & qu'après le terme de l'alliance expirée on fasse le payement de la même somme pour l'année suivante, l'alliance se renouvelle par là tacitement pour cette année.

5°. C'est une suite de la nature de toutes les conventions en général, que si l'une des parties viole les engagemens dans lesquels elle étoit entrée par le traité, l'autre est dispensée de tenir les siens, & peut les regarder comme rompus ; car pour l'ordinaire tous les articles d'un traité ont force de condition, dont le défaut le rend nul.

6°. Cela est ainsi pour l'ordinaire, c'est-à-dire, au cas que l'on ne soit pas convenu autrement ; car on met quelquefois cette clause, que la violation de quelqu'un des articles du traité ne le rompra pas entièrement, afin que l'une des parties ne puisse pas se dédire de ses engagemens pour la moindre offense, bien entendu que celui qui par le fait de l'autre, souffre quelque dommage, doit être indemnisé de manière ou d'autre.

§. XIX. Il n'y a que le Souverain qui puisse faire des alliances & des traités, ou par lui-même ou par ses Officiers & ses Ministres. Les traités faits par les Ministres, n'obligent le Souverain & l'Etat que lorsque les Ministres ont été duement autorisés, & qu'ils n'ont rien fait que conformément à leurs ordres & à leur pouvoir. Il faut remarquer à ce sujet que chez les Romains on appelloit *Fœdus, pacte public, convention solemnelle*, un traité fait par ordre de la Puissance souveraine, ou qui avoit été ratifié ; mais lorsque des personnes publiques avoient promis sans ordre de la Puissance souveraine quelque chose qui intéressoit le Souverain, c'est ce qu'on appelloit *Sponsio*, une *simple promesse*.

§. XX. En général, il est certain que lorsque des Ministres font sans ordre de leur Souverain quelque traité concernant les affaires publiques, le Souverain n'est pas obligé de le tenir, & même le Ministre qui a traité sans ordre peut être puni suivant l'exigence du cas : cependant il peut y avoir des circonstances dans lefquelles un Souverain eſt tenu ou par les régles de la prudence, ou même par celles de la juſtice & de l'équité, à ratifier un traité, quoique fait & conclu ſans ordre.

§. XXI. Lorſqu'un Souverain vient à être informé d'un traité concluj par un de ſes Miniſtres ſans ſon ordre, ſon *ſilence* ſeul n'emporte pas une *ratification*, à moins qu'il ne ſoit d'ailleurs accompagné de quelqu'acte, ou de quelqu'autre circonſtance qui ne puiſſe vraiſemblablement ſouffrir d'autre explication ; & à plus forte raiſon, ſi l'accord n'a été fait que ſous cette condition que le Souverain le ratifiât, il n'eſt valable & obligatoire que lorſque le Souverain l'a ratifié d'une manière formelle & expreſſe.

K 4

CHAPITRE X.

Des conventions que l'on fait avec un Ennemi.

§. I. ENTRE les conventions publiques, celles qui supposent *l'état de guerre* & que l'on fait avec un ennemi, méritent une attention particulière : il y en a de deux sortes, les unes qui laissent *subsister l'état de guerre*, & qui ne font que tempérer les actes d'hostilité, les autres qui les font *cesser entièrement*. Mais avant que de traiter des unes & des autres, il faut dire quelque chose en général sur la validité de ces conventions.

Si l'on doit garder la foi entre Ennemi.

§. II. Cette question est sans doute une des plus belles & des plus importantes du droit des gens. GROTIUS & PUFFENDORF ne font pas d'accord sur cette matière. Le premier soutient généralement que toutes les conventions que l'on fait avec un ennemi, doivent être gardées avec une fidélité inviolable : mais Puffendorf trouve là-deffus quelque difficulté, à l'égard de ces conventions qui laiffent fubfifter l'état de guerre. Tâchons d'établir des principes au moyen defquels on puiffe fe déterminer furement fur ces deux opinions.

§. III. Je remarque 1°. que quoique la guerre détruife par elle-même l'état de Société entre deux Nations, il ne faut pas conclure de là que la guerre ne foit affujettie à aucune loi, & que tout droit & toute obligation ceffent abfolument entre deux ennemis.

2°. Au contraire, tout le monde convient qu'il y a un droit de la guerre, obligatoire par lui-même entre ennemis, & de l'obfervation duquel ils ne fçauroient fe difpenfer, fans manquer à leur devoir : c'eft ce que nous avons prouvé nous-mêmes ci-devant, foit en faifant voir qu'il y a des guerres *juftes* & *injuftes*, & que même dans les guerres les plus juftes il n'eft pas permis de pouffer les actes d'hoftilité à l'infini, mais qu'il faut néceffairement refter dans certaines bornes, & que par conféquent il y a des chofes *injuftes* & *illicites*, même à l'égard d'un

ennemi. Puis donc que la guerre n'anéantit
pas par elle-même toutes les loix de la
Société, on ne sçauroit conclure de cela
seul que deux Nations se font la guerre,
qu'elles soient par cela même dispensées
d'être fidéles à leur parole, & de garder les engagemens qu'elles ont pris l'une
avec l'autre pendant le cours de la guerre.

3°. La guerre étant en elle-même un
très-grand mal, il est de l'intérêt commun
des Nations de ne pas se priver volontairement des moyens que la prudence leur
présente pour en modérer les rigueurs &
en adoucir les effets ; il est au contraire de
leur devoir de chercher à se les procurer
& à s'en assurer les effets ; autant du moins
que cela ne peut porter aucun préjudice
au but légitime de la guerre : mais il n'y
a que la *foi publique* qui puisse procurer
à deux ennemis, pendant qu'ils ont encore
les armes à la main, le doux repos d'une
trève ; c'est elle seule qui peut assurer aux
villes rendues, les droits qu'elles se font
réservés. Que gagneroient les peuples, ou
plutôt combien n'y auroit-il pas à perdre
pour eux s'ils se croyoient autorisés à ne
faire aucun cas de la parole donnée à
l'ennemi, & s'ils ne considéroient les con-

ventions faites dans ces circonftances, que comme des moyens de fe duper les uns les autres ? Certainemeut on ne fçauroit penfer que la loi de nature puiffe approuver des maximes auffi manifeftement oppofées au bien commun du genre humain. D'ailleurs on ne doit jamais faire la guerre pour la guerre même, mais feulement par néceffité, pour obtenir une fatisfaction jufte & raifonnable, & une bonne paix ; d'où il fuit néceffairement que le droit que donne la guerre d'ennemi à ennemi, ne fçauroit aller jufqu'à rendre les guerres, éternelles à les perpétuer à l'infini, & à mettre un obftacle invincible au rétabliffement de la paix.

4°. C'eft cependant ce qui arriveroit néceffairement, fi le droit naturel n'impofoit pas une obligation indifpenfable de tenir ce dont on eft volontairement convenu avec un ennemi pendant le cours de la guerre, foit que ces conventions tendent feulement à fufpendre ou à modérer les actes d'hoftilité, foit qu'elles ayent pour but de les faire ceffer entièrement & de rétablir la paix.

Car enfin, il n'y a que deux voies pour parvenir à la paix ; la première eft la destruction totale & entière de notre ennemi, la seconde est de faire avec lui un traité. Si donc les traités & les conventions faites entre ennemis n'étoient pas en eux-mêmes sacrés & inviolables, il ne resteroit d'autre moyen pour se procurer une paix solide, que de pousser la guerre à l'infini & à toute outrance, jusques à la destruction entière & totale de nos ennemis. Mais qui ne voit qu'un principe qui va nécessairement à la destruction du genre humain & des sociétés, & qui d'ailleurs n'a rien de nécessaire, est directement contraire au droit de la nature & des gens, dont le grand but est la conservation & le bonheur de la société humaine en général, & des sociétés civiles en particulier?

5°. On ne sçauroit mettre ici aucune différence entre les différens traités que l'on peut faire avec un ennemi, & l'obligation que le droit naturel impose de les observer inviolablement, regarde aussi bien ceux qui laissent subsister l'état de guerre, que ceux qui tendent à rétablir la paix : il n'y a point de milieu, il faut établir pour régle générale, que toute convention avec un ennemi est obligatoire,

ou qu'il n'y en a aucune qui soit véritablement telle.

En effet , s'il étoit permis , par exemple , de rompre de gaieté de cœur une
trève bien conclue, d'arrêter sans raison
des gens à qui l'on auroit donné des
passeports , &c. quel mal y auroit-il
de tromper l'ennemi sous prétexte de parler de paix ? Quand on entre en négociation pour ce dernier sujet , on ne cesse
pas dès-lors d'être ennemi , ce n'est proprement qu'une espéce de trève dont on
convient , pour voir s'il y auroit moyen
de s'accommoder : si les négociations
n'ont pas un heureux succès , ce n'est pas
une nouvelle guerre que l'on commence,
puisque les différens pour lesquels on avoit
pris les armes , n'ont point encore été terminés ; on ne fait que continuer les actes
d'hostilité que l'on avoit un peu suspen-
dus ; ainsi on ne pourroit pas plus compter sur la bonne foi de l'ennemi à l'é-
gard des conventions qui vont à rétablir
la paix , que par rapport à celles dont
le but est seulement de suspendre ou de
modérer les actes d'hostilité ; donc les
défiances seroient continuelles , les guerres
se perpétueroient à l'infini , & on ne par-
viendroit jamais à une paix solide.

6°. Plus l'ambition & l'avarice ont rendu les guerres fréquentes, quoique non nécessaires, plus les principes que nous venons d'établir font indifpenfables pour le repos & l'intérêt du genre humain ; c'eft donc avec raifon que CICERON prétend qu'il y a un droit de guerre que l'on doit obferver entre ennemis, comme encore que l'ennemi conferve certains droits malgré la guerre (1).

Ce n'eft pas affez de dire, comme fait PUFFENDORF, que l'ufage reçu parmi les Nations civilifées a établi en faveur de la gloire des armes, pour l'honneur des guerriers & pour l'intérêt du genre humain, que l'on doit tenir pour valides toutes les conventions faites avec l'ennemi ; il falloit ajoûter de plus, que cela eft indifpenfable, que la Juftice le veut ainfi, qu'il ne dépend nullement des Nations d'établir les chofes fur un autre pied, & qu'elles ne peuvent fans crime s'écarter des régles que le droit naturel leur prefcrit à cet égard pour leur avantage commun.

(1) *Eft autem etiam Jus bellicum, fidefque jurisjurandi fæpe cum hofte fervanda.* Off. Lib. IV. Cap. 29.

§. I V. Il ne sera pas difficile, au moyen des principes que nous venons d'établir, de répondre aux raisonnemens par lesquels PUFFENDORF prétend faire voir que toutes les conventions faites avec un ennemi ne sont pas obligatoires par elles-mêmes.

Nous nous contenterons de remarquer 1°. que les raisons dont il se sert ne prouvent rien, parce qu'elles prouvent trop, &c. & 2°. que tout ce que l'on en peut conclure raisonnablement, c'est que l'on doit agir avec prudence, & bien prendre ses précautions avant que de donner parole, ou d'entrer dans quelque engagement avec un ennemi, parce que les hommes sont sujets à manquer de foi pour leur propre intérêt, sur tout lorsqu'ils ont à faire à des gens dont ils sont haïs, ou qu'ils haïssent eux-mêmes.

§. V. Mais, dira-t-on, n'est-ce pas un principe incontestable du droit naturel, que toute convention, tout traité extorqué par une violence injuste, est nul de lui-même, & que par conséquent celui qui a été forcé à le faire malgré lui, peut innocemment ne pas tenir sa parole, s'il estime qu'il puisse le faire avec sûreté ?

La violence & la force ouverte font le caractère diftinctif de la guerre , & pour l'ordinaire c'eft le vainqueur , foit qu'il faffe une guerre jufte ou injufte , qui impofe au vaincu la néceffité de traiter avec lui , & qui le contraint par la fupériorité de fes armes à accepter les conditions qu'il lui propofe : Comment donc eft - il poffible que le droit de la nature & des gens déclare facrés & inviolables des traités faits dans ces circonftances ?

Je réponds , que quelque vrai que foit en lui-même le principe fur lequel cette objection eft fondée , on ne peut pas cependant l'appliquer dans toute fon étendue à la queftion dont il s'agit.

L'intérêt commun du genre humain demande que l'on mette ici quelque différence entre les conventions extorquées par crainte de particulier à particulier , & celles aufquelles un Prince ou un Peuple fouverain eft contraint par la fupériorité des armes d'un vainqueur , quoique ce foit en conféquence d'une guerre injufte. Le droit des gens fait donc ici une exception à la régle générale du droit naturel , qui annulle les conventions par

l'exception

l'exception d'une crainte injufte ; ou fi l'on veut, le droit des gens tient pour jufte de part & d'autre, la crainte qui porte deux ennemis à traiter enfemble pendant le cours de la guerre ; car autrement il n'y auroit aucun moyen ni d'en tempérer les fureurs, ni de la terminer entièrement, comme nous l'avons montré ci-deffus.

§. VI. Mais pour ne rien laiffer en arrière d'effentiel fur cette queftion, il eft néceffaire d'ajoûter quelques éclairciffemens à ce que nous venons de dire.

Et premièrement, j'eftime qu'il faut diftinguer ici, fi celui qui par la fupériorité de fes armes, a contraint fon ennemi à traiter avec lui, avoit entrepris la guerre fans aucun fujet, ou s'il pouvoit en alléguer quelque raifon fpécieufe. Si le vainqueur avoit entrepris la guerre pour quelque fujet apparent, quoiqu'injufte ou infuffifant dans le fond, à l'examiner à la rigueur, alors il eft fans contredit de l'intérêt du genre humain que le droit des gens déclare valides & obligatoires les traités conclus dans ces circonftances, enforte que les vaincus ne puiſſent ſe diſpenſer de les tenir , ſous prétexte de la crainte injuſte qui en eſt la cauſe.

Mais ſi l'on ſuppoſe que la guerre ait été entrepriſe ſans aucun ſujet, ou bien que le ſujet qu'on allégue ſoit manifeſtement frivole ou injuſte , comme quand un Alexandre va chercher à ſubjuguer des peuples éloignés , qui n'avoient jamais entendu parler de lui, &c. une telle guerre étant un vrai brigandage , j'avoue qu'il ne me paroît pas que le vaincu ſoit plus obligé de tenir le traité auquel on l'a contraint, que ne le ſeroit un particulier qui auroit promis à des brigands une ſomme d'argent pour racheter ſa vie ou ſa liberté.

§. VII. Diſons encore , & c'eſt ici un autre éclairciſſement néceſſaire, que même dans le cas où l'on ſuppoſeroit la guerre entrepriſe pour quelque ſujet apparent & raiſonnable, ſi le traité que le vainqueur impoſe au vaincu renferme en lui-même des conditions d'une injuſtice qui aille juſqu'à la barbarie , & qui ſoient tout à fait contraires à l'humanité, on ne ſçauroit dans ces circonſtances refuſer au vaincu le droit de ſe ſouſtraire à ſes engagemens, & de recommencer la guerre pour s'affranchir, s'il le peut, des conditions dures & inhumaines aufquelles on l'a voulu affujettir, en abufant de la victoire contre les droits de l'humanité. La guerre la plus jufte n'autorife pas le vainqueur à ne garder aucune mefure, aucune modération à l'égard des vaincus, & il ne fçauroit fe plaindre raifonnablement de l'infraction d'un traité dont les conditions font injuftes en elles-mêmes, & d'ailleurs pleines de barbarie & de cruauté.

§. VIII. L'Hiftoire Romaine nous fournit à ce fujet un exemple très-remarquable & qu'il ne fera pas hors de propos de rapporter ici.

Les Privernates avoient été fubjugués plufieurs fois par les Romains, & ils s'étoient rebellés autant de fois : leur Ville fut enfin reprife par le Conful Plautius. Réduits à l'extrêmité, ils envoyèrent des Ambaffadeurs à Rome pour demander la paix. Un des Sénateurs leur ayant demandé quelle punition ils croyoient mériter ; l'un d'entr'eux lui répondit, *celle que méritent ceux qui fe croient dignes de vivre en liberté.* Alors le Conful leur demanda s'il y avoit lieu de fe promettre qu'ils obferveroient la paix, en cas qu'on leur pardonnât leur faute ? *La paix fera perpétuelle entre nous , répartit l'Ambaffadeur, & nous l'obferverons fidélement fi les conditions que vous nous impoferez , font juftes & raifonnables ; mais fi elles font dures & fâcheufes , cette paix ne fera pas de longue durée , & nous l'aurons bientôt rompue.*

Quoique quelques-uns des Sénateurs fuffent choqués de cette réponfe, cependant la plûpart l'approuvèrent , difant qu'elle étoit digne d'un homme & d'un homme libre. Et reconnoiffant quelle étoit la force des droits de l'humanité , ils s'écrièrent que ceux-là feuls étoient dignes d'être faits citoyens de Rome , qui n'eftimoient rien en comparaifon de la liberté ; ainfi ceux qu'on menaçoit d'abord de punition furent admis au droit de Bourgeoifie & obtinrent les conditions qu'ils demandoient ; & le généreux refus que firent les Privernates d'obferver les conditions d'un traité dur & inhumain, les fit juger dignes de devenir compagnons de ceux qui étoient alors le peuple du monde le plus brave & le plus vertueux.

Concluons donc qu'il faut garder ici un juste milieu, & dire que l'on doit inviolablement observer les traités faits avec un ennemi, sans que l'exception d'une crainte injuste puisse autoriser à manquer à la foi qu'on lui a donnée, à moins que la guerre ne fût manifestement un vrai brigandage de sa part, ou que d'ailleurs les conditions qu'il nous impose ne fussent de la dernière injustice, pleines de barbarie & de cruauté.

§. IX. Enfin il y a encore un cas dans lequel on peut sans perfidie se dispenser de tenir ce qu'on a promis à l'ennemi ; c'est lorsqu'une certaine condition qu'on avoit supposée comme la base de l'engagement, vient à manquer, c'est là une suite de la nature même des conventions. C'est en conséquence de ce principe que l'infidélité de l'une des parties contractantes libère l'autre ; car dans la régle & pour l'ordinaire, tous les articles d'un même traité sont renfermés l'un dans l'autre en forme de condition, & comme si l'on avoit dit formellement : *Je ferai telle ou telle chose, pourvu que de votre côté vous fassiez ceci ou cela.* *

* *Voyez ci-dessus.*

L 3

CHAPITRE XI.

Des Conventions que l'on fait avec un Ennemi pendant le cours de la Guerre.

§. I. ENtre les conventions qui laiſſent ſubſiſter *l'état de guerre*, une des principales, c'eſt *la Tréve.*

La tréve eſt une convention par laquelle on s'engage à ſuſpendre pour quelque tems les actes d'hoſtilité, ſans que pour cela la guerre finiſſe, mais l'état de guerre ſubſiſtant toujours.

§. II. La tréve n'eſt donc point une paix, puiſque la guerre ſubſiſte. Mais ſi l'on eſt convenu, par exemple, de certaines contributions pendant la guerre, comme on n'accorde ces contributions que pour ſe racheter des actes d'hoſtilité, elles doivent ceſſer pendant la tréve, puiſqu'alors ces actes ne ſont pas permis; & au contraire, ſi l'on a parlé de quelque choſe comme devant avoir lieu en tems de paix, l'intervalle de la tréve ne ſera point compris là-dedans.

§. III. Toute tréve laiſſant ſubſiſter

l'état de guerre, c'est encore une conséquence, qu'après le terme expiré il n'est
pas besoin d'une nouvelle déclaration de
guerre; la raison en est, que ce n'est pas
une nouvelle guerre que l'on commence,
c'est la même que l'on continue.

§. IV. Ce principe que la guerre que l'on
recommence après une tréve n'est pas une
nouvelle guerre, peut s'appliquer à divers
autres cas. Dans un traité de paix conclu
entre l'Evêque & Prince de Trente &
les Venitiens, il avoit été convenu *que
chacun seroit remis en possession de ce qu'il
possédoit avant la précédente & dernière
guerre.*

Au commencement de cette guerre
l'Evêque avoit pris un Château des Venitiens, que ceux-ci reprirent depuis. L'Evêque refusoit de le céder, sous prétexte qu'il
avoit été repris après plusieurs tréves qui
s'étoient faites pendant le cours de cette
guerre; la question devoit se décider évidemment en faveur des Venitiens.

§. V. On peut faire des tréves de plusieurs sortes.

1°. Quelquefois pendant la tréve les
armées ne laissent pas de demeurer toujours sur pied avec tout l'appareil de la

L 4

guerre, & ces sortes de tréves sont ordinairement de courte durée ; quelquefois
aussi l'on met bas les armes & chacun
se retire chez soi, & alors elles sont de
plus longue durée.

2°. Il y a une *tréve générale* pour tous
les pays de la domination de l'un & de
l'autre peuple, & une tréve *particulière*
restreinte à certains lieux, comme par
exemple, sur mer & non pas sur terre, &c.

3°. Enfin il y a une tréve absolue,
indéterminée & générale, & une tréve
limitée & déterminée à certaines choses ;
par exemple, pour enterrer les morts : ou
bien si une Ville assiégée a obtenu une
tréve seulement pour être à l'abri de certaines attaques, ou par rapport à certains
actes d'hostilité, comme pour le ravage
de la campagne.

§. VI. Il faut remarquer encore qu'à
proprement parler, une tréve ne se fait
que par une convention expresse, & qu'il
est très-difficile d'établir une tréve sur le
fondement d'une convention tacite, à
moins que les faits ne soient tels en eux-
mêmes & dans leurs circonstances, qu'ils
ne puissent être rapportés à un autre principe, qu'à un dessein bien sincère de

suspendre pour un tems les actes d'hostilité.

Ainsi, de cela seul qu'on s'est abstenu pour quelque tems d'exercer des actes d'hostilité, l'ennemi auroit tort d'en conclure que l'on consent à une tréve.

§. VII. La nature de la tréve fait assez connoître quels en sont les effets.

1°. En général, si la tréve est générale & absolue, tout acte d'hostilité doit cesser, tant à l'égard des personnes qu'à l'égard des choses; mais cela n'empêche pas que l'on ne puisse pendant la tréve lever de nouvelles troupes, faire des magasins, réparer des fortifications, &c. à moins qu'il n'y ait quelque convention formelle au contraire; car ces sortes d'actes ne sont pas en eux-mêmes des actes d'hostilité, mais des précautions défensives, & que l'on peut prendre même en pleine paix.

2°. Ce seroit aussi une chose contraire à la tréve, que de s'emparer d'une place occupée par l'ennemi, en corrompant la garnison; il est bien évident que l'on ne peut pas non plus innocemment s'emparer pendant la tréve des lieux que l'ennemi a abandonnés, mais qui lui appartiennent, soit qu'il ait cessé de les garder avant la tréve, soit après.

3°. Par conféquent, il faut rendre les chofes appartenantes à l'ennemi, qui pendant la tréve font par quelque hazard tombées entre nos mains, encore même qu'elles nous euffent appartenu auparavant.

4°. Pendant la tréve il eft permis d'aller & de venir de part & d'autre, mais fans aucun train ou aucun appareil, d'où il puiffe y avoir quelque chofe à craindre.

§. VIII. A cette occafion on demande fi ceux qui par quelque accident imprévu & infurmontable, fe trouvent malheureufement fur les terres de l'ennemi après la tréve expirée, peuvent être retenus prifonniers, ou fi l'on doit leur accorder la liberté de fe retirer : GROTIUS, & PUFFENDORF après lui, décident que l'on peut à la rigueur du droit les retenir prifonniers de guerre ; mais, ajoute GROTIUS, il eft fans doute plus humain & plus généreux de fe relâcher d'un tel droit ; pour moi, il me femble que c'eft une fuite du traité de tréve, que l'on laiffe aller ces gens en liberté ; car puifqu'en vertu de la tréve on étoit obligé de laiffer aller & venir en liberté pendant tout le tems de la tréve, on doit auffi leur accorder la

même permiſſion après la tréve même,
s'il paroît manifeſtement qu'une force
majeure ou un cas imprévu les a empêchés
d'en profiter durant l'eſpace réglé ; autrement, comme ces ſortes d'accidens peuvent arriver tous les jours, une telle permiſſion deviendroit ſouvent un piége pour
faire tomber bien des gens entre les mains
de l'ennemi : tels ſont les principaux effets
d'une tréve abſolue & générale.

§. IX. Pour ce qui eſt d'une tréve particulière ou déterminée à certaines choſes,
ſes effets ſont proportionnés à la convention, & limités par la nature particulière
de l'accord.

1°. Ainſi, ſi l'on a accordé une tréve
ſeulement pour enterrer les morts, on n'eſt
pas pour cela en droit d'entreprendre tranquillement quelque choſe de nouveau,
qui apporte quelque changement à l'état
des choſes : on ne peut, par exemple, pendant ce temps-là ſe retirer dans un port
plus sûr ni ſe retrancher, &c. car premièrement, celui qui a accordé une courte
tréve pour enterrer les morts, ne l'a accordée que pour cela, & il n'y a nulle raiſon
de l'étendre au-delà du cas dont on eſt
convenu ; d'où il s'enſuit que ſi celui à

qui on l'a accordée, vouloit en profiter pour se retrancher, par exemple, ou pour quelqu'autre chose, l'autre seroit en droit de l'empêcher par la voie des armes. Le premier ne sçauroit s'en plaindre, car on ne sçauroit prétendre raisonnablement qu'une tréve conclue pour enterrer les morts, & restreinte à ce seul acte, donne droit d'entreprendre & de faire tranquillement quelque autre chose : tout ce à quoi elle oblige celui qui l'a accordée, c'est à ne point s'opposer par la force à l'enterrement des morts, il n'est tenu à rien de plus ; cependant PUFFENDORF est dans un sentiment contraire. (1)

2°. C'est en conséquence des mêmes principes, que si l'on suppose que par la tréve on ait seulement mis les *personnes* à couvert des actes d'hostilité, & non pas les *choses*, en ce cas là si pour défendre ses biens on fait du mal aux personnes, on n'agit point contre l'engagement de la tréve ; car par cela même qu'on a accordé de part & d'autre une sureté pour les personnes, on s'est aussi réservé le droit de défendre ses biens du dégat ou du pillage ; ainsi la sureté des personnes n'est point

(1) *Voyez* Droit de la nature & des gens. L. VIII. C. 7. §. 9.

générale, mais seulement pour ceux qui vont & viennent sans dessein de rien prendre à l'ennemi avec qui on a fait cette tréve limitée.

§. X. Toute tréve oblige les parties contractantes, du moment que l'accord est fait & conclu ; mais à l'égard des Sujets de part & d'autre, ils ne font dans quelque obligation à cet égard que quand la tréve leur a été solemnellement notifiée. Il suit de là que si avant cette notification, les Sujets commettent quelque acte d'hostilité, ou font quelque chose contre la tréve, ils ne feront sujets à aucune punition ; cependant les Puissances qui auront conclu la tréve doivent dédommager ceux qui auront souffert, & rétablir les choses dans le premier état, autant que faire se pourra.

§. XI. Enfin, si la tréve vient à être violée d'un côté, il est certainement libre à l'autre des parties de reprendre les armes, & de recommencer la guerre sans aucune déclaration préalable ; que si l'on est convenu d'une peine payable par celui qui violeroit la tréve, si celui-ci offre la peine, ou s'il l'avoit subie, l'autre n'est point en droit de recommencer les actes d'hoſtilité avant le terme expiré, bien entendu qu'outre la peine ſtipulée, la partie léſée eſt en droit de demander un dédommagement de ce qu'elle a ſouffert par l'infraction de la tréve ; mais il faut bien remarquer que les actions des particuliers ne rompent point la tréve , à moins que le Souverain n'y ait quelque part, ou par un ordre donné, ou par une approbation, & le Souverain eſt cenſé approuver ce qui a été fait, s'il ne veut ni punir ni livrer le coupable, ou s'il refuſe de rendre les choſes priſes pendant la ſuſpenſion d'armes.

§. XII. Les ſauf - conduits ſont auſſi des conventions faites entre ennemis, & qui méritent qu'on en diſe quelque choſe : on entend par là un privilége accordé à quelqu'un des ennemis, ſans qu'il y ait ceſſation d'armes , & par lequel on lui accorde la liberté d'aller & de venir en ſureté.

§. XIII. Toutes les queſtions que l'on propoſe ſur les ſauf-conduits , peuvent ſe décider ou par la nature même des ſauf-conduits accordés, ou par les régles générales de la bonne interprétation.

1°. Un ſauf - conduit donné pour des

gens de guerre, regarde non feulement des Officiers fubalternes, mais encore ceux qui commandent en chef ; c'eft l'ufage naturel & ordinaire des termes qui le veut ainfi.

2º. Si l'on permet à quelqu'un d'aller dans un certain endroit, on eft auffi cenfé lui avoir permis de s'en retourner, autrement la première permiffion fe trouveroit fouvent inutile : il pourroit cependant y avoir des cas où l'un n'emporteroit pas l'autre.

3º. Si l'on a accordé à quelqu'un la liberté de venir, il ne peut pas pour l'ordinaire envoyer quelqu'autre à fa place : & au contraire, celui qui a eu permiffion d'envoyer quelqu'un ne peut pas venir lui-même, car ce font deux chofes différentes, & la permiffion doit naturellement être reftreinte à la perfonne même à qui elle eft accordée, car peut-être ne l'auroit-on pas accordé à un autre.

4º. Un père à qui l'on a accordé un paffeport, ne peut pas mener avec lui fon fils, ni un mari fa femme.

5º. Pour les valets, quoiqu'il n'en foit fait aucune mention, on préfume qu'il eft permis d'en mener un ou deux, ou même davantage, selon la qualité de la personne.

6°. Dans le doute & pour l'ordinaire, le privilége d'un sauf-conduit ne s'éteint pas par la mort de celui qui l'a accordé : rien n'empêche cependant qu'il ne puisse, pour de bonnes raisons, être révoqué par le successeur ; mais alors il faut que celui à qui le sauf-conduit avoit été donné, soit averti de le retirer, & qu'on lui accorde le temps nécessaire pour parvenir en lieu de sureté.

7°. Un sauf-conduit accordé pour aussi long-temps qu'on voudra, emporte par lui-même une continuation du sauf-conduit jusqu'à ce qu'on le révoque bien clairement ; car sans cela la volonté est censée subsister toujours la même, quelque temps qui se soit écoulé ; mais un tel sauf-conduit expire, si celui qui l'avoit donné vient à n'être plus revêtu de l'emploi en vertu duquel il l'avoit donné.

§. XIV. Le rachat des prisonniers est encore une convention qui se fait souvent sans que la guerre finisse. Les anciens Romains ne se portoient pas aisément à racheter les prisonniers : ils examinoient, 1°. si ceux qui avoient été pris par les ennemis,

ennemis avoient gardé les loix de la difcipline militaire, & par conséquent s'ils
méritoient d'être rachetés, & le parti de
la rigueur prévaloit ordinairement, comme
le plus avantageux à la République.

§. XV. Mais en général, il est certainement plus conforme & au bien de l'Etat &
à l'humanité de racheter les prisonniers, à
moins que l'expérience ne fasse voir qu'il est
nécessaire d'user envers eux d'une grande rigueur, pour prévenir ou corriger des maux
plus grands, qui sans cela seroient inévitables.

§. XVI. Un accord fait pour la rançon
d'un prisonnier ne peut être révoqué, sous
prétexte que le prisonnier se trouve plus
riche que l'on ne l'avoit cru : car cette
circonstance du plus ou du moins de ri-
chesses du prisonnier, n'a aucune liaison
avec l'engagement ; de sorte que si l'on
vouloit régler là-dessus la rançon, il falloit
avoir mis cette condition dans le traité.

§. XVII. Quand on a fait quelqu'un prisonnier de guerre, on n'acquiert la propriété
que de ce qu'on lui a pris effectivement :
ainsi l'argent ou les autres choses qu'un
prisonnier de guerre a trouvé moyen de
tenir cachées ou de dérober aux recherches
que l'on a faites, lui demeurent sans contre-

dit en pleine propriété, & par conséquent il peut s'en servir pour le prix de sa rançon. L'ennemi ne sçauroit avoir pris possession de ce dont il n'avoit aucune connoissance, & d'ailleurs le prisonnier n'est en aucune manière tenu de lui découvrir tout ce qu'il peut avoir.

§. XVIII. L'héritier d'un prisonnier de guerre est-il obligé de payer la rançon que le défunt avoit promise?

Réponse. Si le prisonnier est mort en captivité, l'héritier ne doit rien, car la promesse du défunt supposoit son relâchement; mais s'il étoit déja relâché quand il est venu à mourir, l'héritier doit la rançon sans contredit.

§. XIX. Autre question. Un prisonnier relâché à condition d'en faire relâcher un autre pris par les siens, doit-il revenir se mettre en prison lorsque cet autre est mort avant qu'il ait obtenu son relâchement? Je réponds que le prisonnier relâché n'est point tenu de se remettre en prison, car cela n'a point été stipulé; mais il ne paroît pas juste non plus qu'il jouisse de la liberté en pur gain, il faut donc qu'il donne un dédommagement, ou qu'il paye la valeur du prisonnier mort à celui envers qui il s'est engagé.

CHAPITRE XII.

Des conventions faites pendant la Guerre par des Puissances subalternes , comme par des Généraux d'armée ou d'autres Officiers.

§. I. TOUT ce que nous avons dit jusqu'ici des conventions faites avec un ennemi , regarde celles qui sont faites de part & d'autre par les Puissances Souveraines ; mais comme les Souverains ne contractent pas toujours eux-mêmes , il faut voir à présent ce que l'on doit penser des traités faits par les Généraux ou par d'autres Officiers subalternes.

§. II. Pour sçavoir si ces conventions obligent le Souverain, on peut établir les principes suivans.

1°. Il est incontestable que comme toute personne peut s'engager ou par soi-même ou par autrui, le Souverain est engagé par les conventions faites par ses Ministres ou ses Officiers, en conséquence des pouvoirs & des ordres qu'il leur en a donnés formellement.

2°. Quiconque donne à quelqu'un un certain pouvoir, est raisonnablement censé lui accorder par cela même tout ce qui en est une suite & une dépendance nécessaire, & sans quoi il ne sçauroit l'exercer convenablement, mais il n'est pas censé accorder rien davantage.

3°. Si celui à qui on a donné charge de traiter n'a rien fait que dans l'étendue de son pouvoir, s'il n'a point passé les bornes du pouvoir attaché à son emploi, quoiqu'il ait excédé ses ordres secrets, on ne laisse pas d'être tenu de ce qu'il a fait, autrement l'on ne sçauroit jamais compter sur les engagemens contractés par Procureur.

4°. Le Souverain est encore obligé par le fait de ses Ministres & de ses Officiers, quoique destitués de pouvoir & d'ordre, s'il a ratifié les engagemens qu'ils ont pris, ou d'une manière formelle & précise, & alors il n'y a aucune difficulté, ou d'une manière tacite, c'est-à-dire, si instruit de ce qui s'est passé, le Souverain laisse faire ou fait lui-même des choses qui ne puissent raisonnablement être rapportées à aucune autre cause qu'à l'intention d'exécuter les engagemens de son

Ministre, quoique contractés sans sa participation.

5°. Le Souverain peut encore être obligé à exécuter les engagemens contractés par ses Officiers sans son ordre, par un effet de la loi naturelle, qui nous défend de nous enrichir aux dépens d'autrui. L'équité veut que dans ces circonstances l'on observe exactement les conditions du contrat, quoique conclu par des Ministres qui n'étoient point autorisés.

6°. Tels sont les principes généraux de l'équité naturelle, en vertu desquels les Souverains peuvent être plus ou moins engagés par les conventions de leurs Généraux : à quoi néanmoins il faut encore ajouter cette réflexion générale ; à moins que les loix & les coutumes du pays n'y apportent quelque modification particulière, & qu'elles soient connues de ceux avec qui ils ont traité.

7°. Enfin, si un Ministre public passe les bornes de sa commission, qu'il ne puisse point tenir ce qu'il a promis, & que son maître n'y soit point obligé, il est sans contredit obligé à dédommager celui avec lequel il a traité : que s'il y avoit de la mauvaise foi de sa part, il pourroit même

M 3

être puni de sa fourberie, & l'on seroit en droit de s'en prendre à sa personne ou à ses biens, ou même à l'un & à l'autre ensemble.

§. III. Eclaircissons ces principes généraux, en les appliquant à quelques exemples particuliers.

1°. Un Général d'armée ne peut point transiger de ce qui regarde le sujet de la guerre & ses suites; car le pouvoir de faire la guerre, dans quelque étendue qu'il ait été donné, n'emporte point le pouvoir de la finir.

2°. Les Généraux d'armée ne pourroient pas non plus accorder de leur chef des tréves pour un espace de temps considérable; car 1°. cela n'est point une dépendance nécessaire de leur commission. 2°. La chose est de trop grande conséquence pour être entièrement laissée à leur discrétion. 3°. Et enfin, les circonstances ne sont pas d'ordinaire si pressantes, que l'on n'ait pas le temps de consulter le Souverain : & en général le devoir & la prudence veulent qu'un Général consulte le Souverain autant qu'il lui est possible, même par rapport aux choses qu'il a pouvoir de ménager de son chef.

A plus forte raiſon, des Généraux ne peuvent pas conclure ces ſortes de tréves qui font diſparoître entièrement l'appareil de la guerre , & qui approchent d'une véritable paix.

3°. A l'égard des tréves qui ſont de courte durée, il eſt ſans difficulté au pouvoir d'un Général de les faire, par exemple, pour enterrer les morts, &c.

§. IV. Les Lieutenans des Généraux , ou même les Officiers ſubalternes , peuvent auſſi faire des tréves particulières pendant l'attaque , par exemple, d'un corps d'ennemis retranchés , ou dans le ſiége d'une ville : car cela étant ſouvent très-néceſſaire, on préſume avec raiſon que ce droit eſt renfermé dans l'étendue de leur commiſſion par une conſéquence néceſſaire.

§. V. Mais ces tréves particulières n'obligent-elles que les Officiers qui les ont conclues & leurs troupes , ou bien ſont-elles valables par rapport aux autres Commandans & au Chef de l'armée ?

Grotius ſe détermine pour le premier ſentiment ; cependant le ſecond nous paroît le mieux fondé : car 1°. comme on ſuppoſe que c'eſt en conſéquence d'une approbation tacite du Souverain , qu'une telle tréve a été conclue par un Officier subalterne, aucun autre Officier ou égal ou supérieur ne pourroit agir contre l'accord, sans blesser indirectement l'autorité du Souverain. 2°. Dailleurs, cela pourroit donner lieu à des supercheries & à des défiances qui rendroient inutile ou impraticable l'usage de ces tréves particulières, si nécessaires en diverses occasions.

§. VI. Il n'appartient pas aux Généraux d'armée de relâcher les personnes acquises par les armes, ni de disposer des Souverainetés & des terres conquises.

§. VII. Mais il est certainement au pouvoir des Généraux, d'accorder ou laisser les choses qui ne sont pas encore acquises. Les villes, par exemple, & souvent les personnes ne se rendent que sous condition d'avoir la vie sauve ou la liberté, ou même leurs biens, & d'ordinaire on n'a pas le temps de consulter là-dessus le Souverain : les chefs même subalternes doivent avoir ce droit aussi loin que s'étend leur commission.

§. VIII. Enfin on peut aisément juger par les principes que nous avons établis, de la conduite que tint le peuple Romain à l'égard de Bituitus, Roi des Auvergnats, & dans l'affaire des Fourches Caudines.

CHAPITRE XIII.

Des conventions faites avec l'Ennemi par de simples particuliers.

§. I. IL arrive quelquefois dans la guerre que des particuliers, soit de simples soldats, soit autres, font quelques conventions avec l'ennemi. CICERON remarque judicieusement à ce sujet, que si des particuliers ont promis quelque chose à l'ennemi, y étant contraints par la nécessité des circonstances, ils doivent tenir religieusement leur parole (1).

§. II. En effet, tous les principes que nous avons établis ci-devant, prouvent manifestement la justice & la nécessité de ce devoir ; sans cela on mettroit souvent obstacle à la liberté, on donneroit occasion à des carnages, &c.

§. III. Mais quoique ces engagemens soient valides en eux-mêmes, il est bien clair qu'un particulier ne sçauroit aliéner validement ce qui appartient au public,

(1) *De Offic. Lib. I. Cap. 13.*

cela n'étant pas même permis aux Généraux d'armée.

§. IV. A l'égard des actions & des biens de chaque particulier, quoique les conventions qu'il peut faire avec l'ennemi à ce sujet puissent quelquefois porter quelque préjudice à l'Etat, elles ne laissent pas d'être obligatoires. Tout ce qui tend à éviter un plus grand mal, quoique dommageable en soi-même, doit être considéré comme un bien : comme, par exemple, quand on s'engage à payer quelques contributions pour se racheter du pillage ou des incendies. Les loix de l'Etat ne sçauroient même sans injustice, ôter aux particuliers le droit de pourvoir à leur sûreté, en imposant aux sujets une obligation trop onéreuse ; ce qui répugne entièrement à la raison & à la nature.

§. V. C'est en conséquence de ces principes, que l'on tolère, & avec raison, la promesse que fait un prisonnier de guerre de venir se remettre en prison : on ne le laisseroit point aller sans cela, & il vaut mieux sans doute & pour lui & pour l'Etat qu'il ait cette permission pour un temps, que s'il demeuroit toujours en prison. Ce fut donc pour satisfaire à son devoir que

Regulus retourna à Carthage, & se remit entre les mains des ennemis (2).

§. VI. Il faut juger de même de la promesse par laquelle on s'engage *à ne point servir contre celui de qui on est prisonnier.* En vain objecteroit-on qu'un tel engagement est contraire à ce qu'on doit à la patrie : il n'y a rien de contraire au devoir d'un bon citoyen de se procurer la liberté, en promettant de s'abstenir d'une chose dont il est au pouvoir de l'ennemi de nous empêcher ; la patrie ne perd rien par là, elle y gagne même quelque chose, puisqu'un prisonnier, tant qu'il n'est pas relâché, est perdu pour elle.

§. VII. Si l'on a promis de ne point se sauver, il faut incontestablement tenir sa parole, quand même on l'auroit donnée dans les fers ; mais si le prisonnier n'a donné sa parole qu'à condition qu'il ne seroit point resserré de cette manière, il en est quitte s'il est mis dans les fers.

§. VIII. Mais enfin, si les particuliers qui se sont engagés à l'ennemi ne veulent point tenir leur parole, leur Souverain

______

(2) Cicer. *de Offic. Lib. III. Cap. 29.*

doit-il les y contraindre ? Sans doute : en
vain seroient-ils liés par leur promesse , s'il
n'y avoit quelqu'un qui pût les contraindre
à s'en acquitter.

CHAPITRE XIV.

Des conventions publiques qui mettent fin à la Guerre.

§. I. LEs conventions qui mettent fin
à la guerre , sont ou *principales*
ou *accessoires*. Les conventions principales
sont celles qui terminent la guerre , ou par
elles-mêmes comme un traité de paix , ou
par une suite de ce dont on est convenu ,
comme quand on a remis la fin de la
guerre à la décision du sort , ou au succès
d'un combat , ou au jugement d'un arbitre. Les conventions accessoires, sont
celles qu'on ajoute quelquefois aux conventions principales, pour les confirmer & en
rendre plus sûre l'exécution. Tels sont les
Otages , les *Gages* , les *Garanties*.

§. II. Nous avons déja traité ci-devant
du sort des combats arrêtés de part &
d'autres , & des arbitres considérés comme

des moyens d'empêcher une guerre ou de la terminer ; il ne nous reste plus qu'à parler des traités de paix.

§. III. La première question qui se présente ici, c'est, si les conventions qui terminent la guerre peuvent être annullées par l'exception d'une crainte injuste qui les a arrachées.

Après les principes que nous avons établis ci-devant pour faire voir que l'on doit garder la foi donnée à un ennemi , il n'est pas nécessaire de nous arrêter ici à l'établir de nouveau. De toutes les conventions publiques, les traités de paix sont celles que les peuples doivent regarder comme les plus sacrées & les plus inviolables ; rien n'est plus important au repos & à la tranquillité du genre humain : les Princes & les Nations n'ayant point de Juge commun qui puisse connoître & décider de la justice de la guerre, on ne pourroit jamais compter sur un traité de paix, si l'exception d'une crainte injuste avoit ici lieu ordinairement. Je dis *ordinairement* ; car dans les cas où l'injustice des conditions d'un traité de paix est de la dernière évidence, & que le vainqueur injuste abuse de sa victoire, au point d'imposer au vaincu

les conditions les plus dures, les plus cruelles & les plus insupportables ; le droit des
nations ne sçauroit autoriser de semblables
traités , ni imposer aux vaincus l'obligation de s'y soumettre soigneusement. Ajoutons encore , que bien que le droit ordonne
qu'à l'exception du cas dont nous venons
de parler , les traités de paix soient obser-
vés fidélement , & ne puissent pas être
annullés sous le prétexte d'une contrainte
injuste , il est néanmoins incontestable
que le vainqueur ne peut pas profiter en
conscience des avantages d'un tel traité ,
& qu'il est obligé par la justice intérieure
de restituer tout ce qu'il peut avoir acquis
dans une guerre injuste.

§. I V. Une autre question, c'est de sçavoir si un Souverain ou un Etat doit tenir
les traités de paix & d'accommodement
qu'il a faits avec des sujets rebelles : Je réponds ; 1°. que lorsqu'un Souverain a
réduit par les armes les sujets rebelles ,
c'est à lui à voir comment il les traitera.
2°. Mais s'il est entré avec eux dans quelque accommodement , il est censé par cela
seul leur avoir pardonné tout le passé, de
sorte qu'il ne sçauroit légitimement se dispenser de tenir sa parole , sous prétexte

qu'il l'avoit donnée à des sujets rebelles.
Cette obligation est d'autant plus inviolable, que les Souverains sont sujets à traiter
de rebellion une desobéissance ou une
résistance, par laquelle on ne fait que
maintenir ses justes droits, & s'opposer à
la violation des engagemens les plus
essentiels des Souverains; l'histoire n'en
fournit que trop d'exemples.

§. V. Il n'y a que celui qui a droit
de faire la guerre, qui ait le droit de la
terminer par un traité de paix : en un mot,
c'est ici une partie essentielle de la Souveraineté. Mais un Roi prisonnier pourroit-il
conclurre un traité de paix valable & obligatoire pour la nation ? Je ne le pense
pas, car il n'y a nulle apparence, & l'on
ne sçauroit présumer raisonnablement que
le peuple ait voulu conférer la Souveraineté à quelqu'un, avec pouvoir de l'exercer sur les choses les plus importantes,
même dans le temps qu'il ne seroit pas
maître de sa propre personne : mais à l'é-
gard des conventions qu'un Roi prisonnier auroit faites, touchant ce qui lui appartient en particulier, elles sont valides
sans contredit, suivant les principes que
nous avons établis dans le chapitre précé-

dent. Que dirons-nous d'un Roi chaſſé de ſes Etats ? s'il n'eſt dans aucune dépendance de perſonne , il peut ſans doute faire la paix.

§. VI. Pour connoître ſurement de quelles choſes un Roi peut diſpoſer par un traité de paix, il ne faut que faire attention à la nature de la Souveraineté & à la manière dont il la poſſéde.

1°. Dans les Royaumes patrimoniaux, à les conſidérer en eux-mêmes , rien n'empêche que le Roi n'aliéne la Souveraineté , ou une partie.

2°. Mais les Rois qui ne poſſédent la Souveraineté qu'à titre d'uſufruit, ne peuvent par aucun traité aliéner de leur chef, ni la Souveraineté entière, ni aucune de ſes parties ; pour valider de telles aliénations, il faut le conſentement de tout le peuple ou des Etats du Royaume.

3°. A l'égard du *Domaine de la Couronne*, il n'eſt pas non plus pour l'ordinaire au pouvoir du Souverain de l'aliéner.

4°. Pour ce qui eſt des biens des particuliers, le Souverain a comme tel, un droit éminent ſur les biens des ſujets, & par conſéquent il peut en diſpoſer & les aliéner par un traité toutes les fois que l'utilité

l'utilité publique ou la nécessité le demandent, bien entendu que l'Etat doit
dans ces cas-là dédommager les particuliers du dommage qu'ils souffrent au-delà
de leur quote-part.

§. VII. Pour bien interpréter les clauses
d'un traité de paix, & pour en bien déterminer les effets, il ne faut que faire attention aux régles générales de l'interprétation,
& à l'intention des parties contractantes.

1°. Dans tout traité de paix, s'il n'y
a point de clauses au contraire, on préfume que l'on se tient réciproquement
quittes de tous les dommages causés par
la guerre ; ainsi les clauses d'amniftie générale ne font que pour une plus grande
précaution.

2°. Mais les dettes de particulier à particulier déja contractées avant la guerre,
& dont on n'avoit pas pu pendant la
guerre exiger le payement, ne font point
censées éteintes par le traité de paix.

3°. Les choses mêmes que l'on ignore
avoir été commifes, foit qu'elles l'ayent
été avant ou pendant la guerre, font cenfées comprifes dans les termes généraux,
par lefquelles on tient quitte l'ennemi de
tout le mal qu'il nous a fait.

4°. Il faut rendre tout ce qui peut avoir été pris depuis la paix conclue, cela n'a point de difficulté.

5°. Si dans un traité de paix on fixe un certain terme pour l'accomplissement des conditions dont on est convenu, ce terme doit s'entendre à la dernière rigueur; enforte que lorsqu'il est expiré, le moindre retardement n'est pas excufable, à moins qu'il ne provînt d'une force majeure, ou qu'il ne paroisse manifestement que ce délai ne vient d'aucune mauvaise intention.

6°. Enfin, il faut remarquer que tout traité de paix est par lui-même perpétuel, & pour parler ainsi, éternel de sa nature, c'est-à-dire, que l'on est cenfé de part & d'autre être convenu de ne prendre jamais plus les armes au sujet des démêlés qui avoient allumé la guerre, & de les tenir deformais pour entièrement terminés.

§. VIII. C'est une autre question importante, de sçavoir quand la paix peut être regardée comme rompue.

1°. Quelques personnes distinguent ici entre *rompre la Paix*, & *fournir un nouveau sujet de Guerre*. Rompre la paix, c'est contrevenir à quelques articles du traité; fournir un nouveau sujet de guerre,

c’eſt prendre les armes pour quelque nouvelle raiſon , dont il n’eſt point fait mention dans le traité.

2°. Mais lorſqu’on donne ainſi un nouveau ſujet de guerre, le traité ſe rompt par là
indirectement, ſi l’on refuſe de faire ſatisfaction à l’offenſé ; car alors l’offenſé pouvant prendre les armes & traiter l’offen-
ſeur en ennemi , contre qui tout eſt permis , il faut auſſi ſans contredit ſe diſpenſer de tenir les conditions de la paix,
quoique le traité n’ait point été rompu
formellement par rapport à ſa teneur :
d’ailleurs, la diſtinction dont il s’agit ne
peut guères être d’uſage aujourd’hui , parce
que les traités de paix ſont conçus de telle
manière , qu’ils emportent un engagement
de vivre deformais en bonne amitié à tous
égards ; il faut donc dire en général, que
tout nouvel acte d’hoſtilité injuſte rompt
la paix.

3°. Pour ceux qui ne font que repouſſer
la force par la force , ils ne rompent en
aucune manière la paix.

4°. Si la paix eſt conclue avec pluſieurs
alliés de celui avec qui le traité a été
fait, la paix n’eſt pas rompue , ſi quelqu’un de ces alliés vient à reprendre les

armes, à moins qu'elle n'eût été conclue
fur ce pied-là ; mais c'eſt ce qu'on ne préfume point, & ſans doute le ſeul infracteur
peut être regardé comme ennemi.

5°. Des violences ou des actes d'hoſtilité que quelques ſujets de l'Etat commettent de leur chef, ne peuvent rompre la
paix qu'en ſuppoſant que le Souverain les
approuve ; & c'eſt ce que l'on préfume,
s'il a la connoiſſance du fait, le pouvoir
de punir, & qu'il néglige de le faire.

6°. La paix eſt cenſée rompue, lorſque
ſans un ſujet légitime on exerce quelque
acte d'hoſtilité, non ſeulement contre tout
le corps de l'Etat, mais même contre
des particuliers ou des ſujets de l'Etat ;
car le but d'un traité de paix, eſt que tous
les ſujets de l'Etat ſoient deſormais en
ſureté.

7°. Un traité de paix eſt rompu ſans
contredit, ſi l'on contrevient aux articles
clairs & formels qu'il renferme : quelques
Docteurs néanmoins diſtinguent ici entre
les articles du traité qui ſont *de grande im-*
portance, & ceux qui ſont *de peu d'im-*
portance ; mais cette diſtinction eſt peu
ſûre en elle-même, & d'une application
difficile & délicate. En général tous les

articles d'un traité doivent être regardés comme affez importans, pour qu'ils doivent être ponctuellement obfervés ; il faut pourtant avoir égard ici à ce que demande l'humanité, & pardonner plutôt les fautes légères que d'en pourfuivre la réparation par les armes.

8°. Si l'une des parties eft réduite par quelque néceffité invincible, à l'impoffibilité d'effectuer fes engagemens, on ne doit pas tenir la paix pour rompue ; mais l'autre partie doit ou attendre quelque tems l'effet de ce qu'on lui a promis, s'il y a encore quelque efpérance, ou bien elle peut demander un équivalent raifonnable.

9°. Lors même qu'il y a de la perfidie d'un côté, il eft libre certainement à la partie innocente de laiffer fubfifter la paix, & il feroit ridicule de prétendre que celui qui le premier enfreint la paix puiffe fe dégager de l'obligation où il étoit, en agiffant contre cette même obligation.

§. IX. L'on joint quelquefois aux traités de paix, pour fureté de leur exécution, des ôtages, des gages ou des garants. Les ôtages font de plufieurs fortes ; car ou ils fe donnent eux-mêmes volontairement, ou c'eft par ordre de leur Souverain, ou bien ils font pris de force par l'ennemi : rien n'eft plus commun aujourd'hui , par exemple, que d'enlever des ôtages par force pour la fureté des contributions.

§. X. Le Souverain peut , en vertu de fon autorité, contraindre quelques-uns de fes fujets à fe mettre entre les mains de l'ennemi pour ôtage ; car s'il eft en droit quand la néceffité le requiert, de les expofer à un péril de mort, à plus forte raifon peut-il engager leur liberté corporelle ; mais d'un autre côté, l'Etat doit affurément indemnifer les ôtages de tout ce qu'ils peuvent fouffrir pour le bien de la Société.

§. XI. L'on demande , & l'on donne des ôtages pour la fureté de l'exécution de quelque engagement ; il faut donc pour cela que l'on puiffe garder les ôtages comme on le juge à propos , jufqu'à l'accompliffement de ce dont on eft convenu : il fuit de là qu'un ôtage qui s'eft conftitué tel volontairement, ou celui qui a été donné par le Souverain ne peut pas fe fauver ; cependant GROTIUS accorde cette liberté aux derniers : mais il faudroit pour cela, ou que l'intention de l'Etat fût que l'ôtage ne demeurât point entre les mains de l'ennemi , ou qu'il n'eût pas le pouvoir d'obliger l'ôtage à y demeurer. Le premier eſt manifeſtement faux ; car autrement l'ôtage ne ſerviroit point de ſureté, & la convention ſeroit illuſoire : l'autre n'eſt pas plus vrai ; car ſi l'Etat en vertu de ſon *Domaine éminent*, peut expoſer la vie même des citoyens, pourquoi ne pourroit-il pas engager leur liberté ? auſſi GROTIUS convient-il lui - même que les Romains étoient obligés de rendre Clelie à Porſenna : mais il n'en eſt pas toutà-fait de même à l'égard des ôtages qui ont été pris par force ; car ils ſont toujours en droit de ſe ſauver tant qu'ils n'ont pas donné leur parole qu'ils ne le feroient pas.

§. XII. On demande ſi celui à qui l'on a donné des ôtages peut les faire mourir, au cas que l'on n'exécute pas ſes engagemens ? Je réponds que les ôtages eux-mêmes n'ont pu donner à l'ennemi aucun pouvoir ſur leur propre vie, dont ils ne ſont pas les maîtres. Pour ce qui eſt de l'Etat, il a bien le pouvoir d'expoſer au péril de la mort la vie de ſes ſujets, lorſque le bien public le demande ; mais ici tout ce que le bien public exige, c'eſt qu'il engage la liberté corpo-

relle de ceux qu'il donne en ôtage , &
il ne peut pas plus les rendre responsa-
bles de son infidélité au péril de leur vie,
qu'il ne peut faire que l'innocent soit criminel ; ainsi l'Etat n'engage nullement
la vie des ôtages : celui à qui on les
donne est censé les recevoir à ces conditions , & quoique par l'infraction du
traité ils se trouvent à sa merci , il ne
s'ensuit pas qu'il ait droit en conscience
de les faire mourir pour ce sujet seul ,
il peut seulement les retenir desormais
comme prisonniers de guerre.

§. XIII. Les ôtages donnés pour un
certain sujet sont libres dès qu'on y a
satisfait, & par conséquent ne peuvent
pas être retenus pour une autre cause ,
pour laquelle on n'avoit point promis
d'ôtages. Que si l'on a manqué de parole en quelqu'autre chose , ou contracté
quelque nouvelle dette, les ôtages donnés peuvent alors être retenus, non comme ôtages , mais en conséquence de cette
régle du droit des gens, qui autorise à
arrêter la personne des Sujets , pour le fait
de leur Souverain.

§. XIV. Un ôtage est-il libéré par la
mort du Prince qui l'avoit donné ? Cela dé-

pend de la nature du traité, pour la sûreté duquel on avoit livré l'òtage ; c'eſt-à-dire, qu'il faut examiner s'il eſt *perſonnel* ou *réel.*

Que ſi l'òtage devient l'héritier & ſucceſſeur du Prince qui l'avoit donné, il n'eſt plus tenu alors de demeurer en ôtage, quoique le traité ſoit réel ; il doit ſeulement mettre quelqu'un à ſa place, ſi l'autre partie le demande. Le cas dont il s'agit étoit tacitement excepté ; car on ne ſçauroit préſumer qu'un Prince, par exemple, qui auroit donné pour ôtage ſon propre fils, ſon héritier préſomptif, ait prétendu qu'au cas qu'il vînt à mourir lui-même, l'Etat fût privé de ſon Chef.

§. XV. On donne auſſi quelquefois des gages pour la sûreté d'un traité de paix, & comme nous avons dit qu'on peut retenir les ôtages pour quelqu'autre dette, cela s'applique également aux gages donnés.

§. XVI. Enfin, il arrive auſſi que des Princes ou des Etats, ſur tout ceux qui ont été médiateurs de la paix, ſe rendent garants des obſervations de part & d'autre par une eſpéce de *Cautionnement* qui emporte l'obligation d'interpofer leurs bons offices, pour faire obtenir une fatis-faction raifonnable à celui au préjudice duquel l'autre auroit violé quelque arti-cle du traité, & même de donner fecours au premier qui fera infulté par l'autre, contre les articles & les conditions de la paix.

CHAPITRE XV.

Du Droit des Ambaffadeurs.

§. I. **I**L ne nous refte plus qu'à dire quelque chofe des Ambaffadeurs & des priviléges que le droit des gens leur accorde. Il eft naturel de traiter ici cette matière, puifque c'eft par le moyen de ces Miniftres que fe négocient & fe concluent ordinairement les traités.

§. II. Rien n'eft plus ordinaire que la maxime qui établit que les Ambaf-fadeurs font des perfonnes facrées & in-violables, & qu'ils font fous la protection du droit des gens ; & en effet, on ne fçauroit douter qu'il n'importe extrême-ment à tous les hommes & à tous les peuples, non feulement de mettre fin aux querelles & aux guerres, mais encore d'établir & d'entretenir entr'eux le commerce & l'amitié : or les Ambaſſadeurs font néceſſaires pour procurer ces avantages ; d'où il fuit que Dieu qui veut fans contredit tout ce qui contribue à la conſervation & au bonheur de la Société humaine, ne peut que défendre par la loi naturelle de faire aucun mal à ces fortes de perſonnes, & qu'il ordonne au contraire qu'on leur accorde toutes les sûretés, tous les priviléges que demande le but de leur emploi & de leurs fonctions.

§. III. Avant que d'entrer dans l'application des priviléges que le droit des gens accorde aux Ambaſſadeurs, il faut d'abord remarquer avec GROTIUS, qu'ils appartiennent uniquement aux Ambaſſadeurs envoyés de Souverain à Souverain ; car pour ce qui eſt des Députés des Villes ou des Provinces auprès de leur propre Souverain, ce n'eſt pas par le droit des gens commun aux Nations qu'il faut juger de leurs privilèges, mais par le droit civil du pays : en un mot, les priviléges des Ambaſſadeurs ne regardent que les étrangers , c'eſt-à-dire ceux qui ne ſont pas de notre dépendance.

Rien n'empêche donc qu'un allié inférieur n'ait droit d'envoyer des Ambaſſadeurs à l'allié ſupérieur ; car dans une alliance inégale, l'allié inférieur ne ceſſe pas pour cela d'être indépendant.

Mais un Roi vaincu dans une guerre & dépouillé de ſon Royaume , peut-il envoyer des Ambaſſadeurs ? La queſtion eſt inutile par rapport au vainqueur, qui n'aura garde de penſer ſeulement s'il doit recevoir des Ambaſſadeurs de la part de celui qu'il a dépouillé de ſes Etats A l'égard des autres Puiſſances, ſi le conquérant fait une guerre manifeſtement injuſte, elles n'en doivent pas moins , tant qu'elles le peuvent ſans s'expoſer à quelque grand inconvénient, reconnoître pour véritable Roi celui qui l'eſt effectivement , & par conféquent recevoir ſes Ambaſſadeurs.

Le cas d'une guerre civile eſt un cas extraordinaire , dans lequel la néceſſité oblige quelquefois à recevoir des Ambaſſadeurs de part & d'autre ; alors une ſeule & même Nation eſt regardée pour un tems , comme faiſant deux corps de peuples ; mais les pirates & les brigands ne formant point de corps d'Etat, ne peuvent point jouir à l'égard des Ambassadeurs des priviléges du droit des gens, à moins qu'ils ne l'obtiennent par un traité, comme cela est arrivé quelquefois.

§. IV. Les anciens ne distinguoient pas différentes sortes de personnes envoyées par une Puissance auprès d'une autre, ils étoient tous appellés chez les Latins, *Legati* ou *Oratores* : aujourd'hui on donne divers titres à ces Ministres publics, mais l'emploi est au fond le même, & toutes les distinctions que l'on fait font plûtot fondées sur le plus ou le moins d'éclat avec lequel ils soutiennent leur dignité, & sur la pension plus ou moins grosse qui leur est assignée, que sur quelque autre raison qui ait du rapport à leur caractère.

§. V. La distinction des Ambassadeurs la plus commune & la plus en usage aujourd'hui, est celle des *Ambassadeurs extraordinaires* & des *Ambassadeurs ordinaires*. Cette différence étoit tout à fait inconnue aux anciens. Tous les Ambassadeurs qu'ils envoyoient étoient extraordinaires, c'est-à-dire, chargés seulement d'une certaine négociation particuliére, au lieu que les Ambaſſadeurs ordinaires ſont ceux que l'on tient dans les Cours des Etats dont on eſt ami, pour y ménager toutes ſortes d'affaires, & même pour y épier ce qui s'y paſſe.

Le changement de la ſituation des choſes dans notre Europe depuis la deſtruction de l'Empire Romain, les divers Princes ſouverains, les différentes Républiques qui ſe ſont élevées, & l'accroiſſement du commerce, ont rendu commodes & même néceſſaires ces Ambaſſadeurs ordinaires, & en ont fait introduire l'uſage ; auſſi pluſieurs Hiſtoriens remarquent avec raiſon que les Turcs qui n'entretiennent point de Miniſtres dans les pays étrangers, uſent en cela d'une mauvaiſe politique; car comme ils ne reçoivent leurs nouvelles que par des marchands Juifs ou Arméniens, ils n'apprennent le plus ſouvent les choſes que fort tard, ou bien ils ſont mal informés, ce qui fait qu'ils prennent ſouvent de fauſſes meſures, parce qu'ils ont eu de faux avis.

§. VI. GROTIUS remarque qu'il y a deux maximes principales du droit des gens touchant les Ambaſſadeurs : la première, *qu'il faut recevoir les Ambassa-deurs* ; la seconde, *qu'on ne leur doit faire aucun mal, & que leur personne est sacrée & inviolable.*

§. VII. Sur la première de ces maximes, il faut remarquer que l'obligation où sont les Princes & les Etats de recevoir les Ambassadeurs, est fondée en général sur la société & l'humanité ; car comme toutes les Nations forment entre elles une espéce de société, & qu'en conséquence elles doivent s'entr'aider les unes les autres par un commerce mutuel d'offices & de services, l'usage des Ambassadeurs devient nécessaire entr'elles par cela même. C'est donc une régle du droit des gens que l'on doit recevoir un Ambassadeur, & ne le pas refuser sans une juste cause.

§. VIII. Mais lors même qu'on est tenu de recevoir les Ambassadeurs, ce n'est qu'en vertu d'un devoir d'humanité, qui ne produit qu'une obligation imparfaite & non rigoureuse ; de sorte qu'un simple refus ne peut pas être regardé comme une injustice proprement dite, qui donnera un juste sujet de guerre. D'ailleurs, l'obligation de recevoir les

Ambaſſadeurs regarde auſſi bien ceux qui nous ſont envoyés par l'ennemi, que ceux qui nous viennent d'une Puiſſance amie : il eſt du devoir des Princes mêmes qui ſont en guerre, de chercher les moyens de rétablir entr'eux une paix juſte & raiſonnable, & ils ne ſçauroient en venir à bout, à moins qu'ils ne ſoient diſpoſés à écouter les propoſitions qu'ils peuvent ſe faire réciproquement, & la manière la plus convenable pour cela, eſt de ſe ſervir d'Ambaſſadeurs ou de Miniſtres. Le même devoir d'humanité impoſe auſſi aux Princes neutres ou à des tiers, l'obligation de laiſſer paſſer ſur leurs terres les Ambaſſadeurs que d'autres Puiſſances s'envoient.

§. IX. J'ai dit que l'on ne doit pas refuſer ſans un juſte ſujet de recevoir un Ambaſſadeur, car il peut ſe faire que l'on ait de très bonnes raiſons pour ne pas le recevoir. Par exemple, ſi ſon Maître nous a déjà dupé, ſous prétexte d'ambaſſade, & que l'on ait lieu de ſoupçonner une pareille tromperie ; ſi celui qui nous envoie des Ambaſſadeurs nous a trahi, ou s'il s'eſt rendu coupable envers nous de quelque crime atroce ; ſi l'on

ſçait

çait avec certitude que, fous prétexte de quelque négociations, l'Ambaſſadeur ne vient que pour cauſer quelque ſédition, ou pour eſpionner.

Ainſi dans la retraite des dix mille dont XENOPHON nous a laiſſé l'hiſtoire, les Généraux réſolurent que tant qu'ils feroient en pays ennemi, ils ne recevroient point de Hérauts ; & ce qui les obligea à prendre une telle réſolution, ce fut qu'ils avoient éprouvé que fous prétexte d'Ambaſſadeurs, ils venoient eſpionner & débaucher les Soldats.

Il peut auſſi arriver que l'on ait de juſtes raiſons de refuſer un Ambaſſadeur ou un Envoyé d'une Puiſſance amie, parce qu'en le recevant on donneroit quelque ſujet de défiance à quelqu'autre Puiſſance qu'il nous convient de ménager. Enfin, la perſonne même ou le caractère de celui qu'on veut nous envoyer, peut fournir de juſtes raiſons pour ne pas le recevoir. Voilà qui peut ſuffire ſur la maxime, qu'il faut recevoir les Ambaſſadeurs.

§. X. Pour l'autre régle du droit des gens, qui établit que l'on ne doit faire aucun mal aux Ambaſſadeurs, & que leur perſonne doit être regardée comme ſacrée & inviolable, il eſt un peu plus difficile de décider les queſtions qui s'y rapportent.

1°. Quand on dit que le droit des gens défend de faire aucun mal aux Ambaſſadeurs, ou en paroles ou en actions, on ne donne en cela aucun privilége particulier aux Ambaſſadeurs, car les loix de la nature aſſurent à tous particuliers la jouiſſance de leur vie, de leur honneur & de leurs biens.

2°. Mais quand on ajoûte que la perſonne des Ambaſſadeurs eſt ſacrée & inviolable par le droit des gens, on prétend attribuer par là aux Ambaſſadeurs des prérogatives, des priviléges qui ne ſont pas dûs aux ſimples particuliers, &c.

3°. Quand on dit que la perſonne d'un Ambaſſadeur eſt ſacrée, cela veut dire ſelon la ſignification de ce terme, que l'on punit plus rigoureuſement ceux qui ont maltraité un Ambaſſadeur, que ceux qui ont fait quelque injure ou quelque inſulte à quelque particulier, & que c'eſt à cauſe du caractère qui rend les Ambaſſadeurs ſacrés, que l'on décerne une peine ſi différente pour un même genre d'offenſe.

4°. Enfuite, ce qui fait que l'on appelle facrée & inviolable la perfonne des Ambaffadeurs, c'eft qu'ils ne font point foumis à la Jurifdiction civile ou criminelle du Souverain auprès duquel ils font envoyés, ni à l'égard de leurs perfonnes, ni à l'égard des gens de leur fuite, ni à l'égard de leurs biens, & par conféquent on ne peut pas agir contr'eux par les voies ordinaires de la Juftice, & c'eft en cela que confiftent principalement leurs priviléges.

§. XI. Le fondement de ces priviléges que le droit des gens accorde aux Ambaffadeurs, c'eft que comme un Ambaffadeur repréfente la perfonne même de fon Maître, il doit par conféquent jouir de tous les priviléges, de tous les droits qu'auroit pour lui-même un Prince fouverain, qui viendroit en perfonne dans les Etats d'un autre Prince pour travailler à fes propres affaires pour négocier, par exemple, ou conclure un traité, une alliance, pour établir fon commerce & autres chofes femblables, &c. Or certainement, pour quelque raifon qu'un Prince fouverain paffe de fon pays dans un pays étranger, on ne fçauroit penfer qu'il perde fon caractère & son indépendance, & qu'il devienne sujet du Prince dans les terres duquel il se trouve : au contraire il doit être censé vouloir demeurer comme il étoit auparavant, égal & indépendant de toute Jurisdiction civile ou criminelle de celui chez qui il va, & celui-ci le reçoit sur ce pied-là, comme il voudroit être reçu lui-même s'il alloit à son tour dans les Etats de l'autre. Il faut accorder à l'Ambassadeur, en vertu de son caractère représentatif, les mêmes immunités, les mêmes prérogatives.

Le but même & la fin des ambassades, rend nécessaires ces priviléges des Ambassadeurs ; car il est incontestable que si l'Ambassadeur peut traiter avec le Prince à qui il est envoyé, avec une pleine indépendance, il se trouvera bien plus en état de s'acquitter de ses fonctions & de servir son Maître utilement, que s'il étoit assujetti à la Jurisdiction du Prince avec qui il a à négocier, qu'il pût être assigné en Justice lui ou ses gens, & que l'on pût saisir ou arrêter ses effets, &c. C'est donc avec raison que tous les peuples font en la personne des Ambassadeurs une exception à la coûtume reçue par-tout, de regarder comme foumis aux loix du pays, tous les étrangers qui fe trouvent dans les terres de la dépendance de l'Etat.

§. XII. Ces principes fuppofés, je dis :

1°. Qu'il n'y a point de difficulté à l'égard des Ambaffadeurs qui viennent auprès d'une Puiffance avec laquelle leur Maître eft en paix, & qui n'ont fait eux-mêmes aucun mal à perfonne : les maximes les plus communes & les plus évidentes du droit naturel, demandent en leur faveur une entière fureté ; de forte que fi on infulte ou qu'on outrage en quelque manière que ce foit un tel Ambaffadeur, on donne à fon Maître un jufte fujet de guerre : le Roi DAVID nous en fournit un exemple. *

2°. Pour ce qui eft des Ambaffadeurs qui viennent de la part d'un ennemi, & qui n'ont fait eux-mêmes aucun mal avant qu'on les ait reçus, leur fureté dépend uniquement des loix de l'humanité ; car un ennemi comme tel eft en droit de faire du mal à fon ennemi : ainfi tant qu'il n'y a point de convention à ce fujet, on n'eft obligé d'épargner l'Ambaffadeur d'un en-

____

* II. Sam. Cap. X.

nemi, qu'en vertu des sentimens d'humanité que l'on ne doit jamais dépouiller, & qui nous engagent à respecter tout ce qui tend au bien de la paix.

3°. Mais lorsqu'on a promis de recevoir ou reçu effectivement l'Ambassadeur d'un ennemi, on s'est engagé par-là manifestement à lui procurer une entière sureté, tant qu'il ne fera lui-même aucun mal : il ne faut pas même excepter ici les Hérauts qui sont envoyés pour déclarer la guerre, pourvu qu'ils le fassent d'une manière qui n'ait rien d'offensant. Voilà pour les Ambassadeurs innocens.

4°. A l'égard des Ambassadeurs qui se sont rendus coupables, ils ont fait du mal ou *d'eux-mêmes*, ou par *ordre de leur Maître*.

Si c'est d'eux-mêmes, ils perdent le droit d'être en sureté, & de jouir de leurs priviléges lorsque leur crime est *manifeste & atroce* ; car un Ambassadeur, quel qu'il soit, ne peut jamais avoir plus de privilége que n'en auroit son Maître : or on ne pardonneroit pas au Maître un tel crime.

Par *crime atroce*, il faut entendre ici ceux qui tendent ou à troubler l'Etat, ou à priver de la vie les sujets du Prince auprès duquel l'Ambassadeur est envoyé, ou à leur causer quelque préjudice considérable en leur honneur ou en leurs biens.

Lorsque le crime offense directement l'Etat ou celui qui en est le Chef, soit que l'Ambassadeur ait actuellement usé de violence ou non, c'est-à-dire, soit qu'il ait poussé les sujets à quelque sédition, ou qu'il ait conspiré lui-même contre l'Etat ou qu'il ait favorisé le complot, soit qu'il ait pris les armes avec les rebelles ou avec l'ennemi, ou qu'il les ait fait prendre à ses gens, &c. on peut s'en venger même en le tuant, non comme sujet, mais comme ennemi ; car son Maître même n'auroit pas lieu de s'attendre à un meilleur traitement, & le but des ambassades établies pour le bien commun des Nations, n'exigent point qu'on accorde à un Ambassadeur qui le premier viole ouvertement les loix les plus sacrées du droit des gens, les priviléges que ce droit accorde aux Ambassadeurs : que si un tel Ambassadeur s'est sauvé, son Maître est tenu de le livrer lorsqu'on le lui demande.

Mais si le crime, tout atroce & tout

manifeſte qu'il eſt , n'offenſe qu'un particulier , l'Ambaſſadeur ne doit pas être pour cela réputé ennemi de l'Etat ou du Prince ; mais comme ſi ſon Maître avoit commis quelque crime de cette nature , on devroit lui en demander ſatisfaction , & ne prendre les armes contre lui que quand il l'auroit refuſée , la même raiſon d'équité veut que celui chez lequel l'Ambaſſadeur a commis un tel crime, le renvoie à ſon Maître en le priant de le livrer ou de le punir : car de le retenir en priſon juſqu'à ce que le Maître ou le rappellât pour le punir , ou déclarât qu'il l'abandonne , ce ſeroit témoigner quelque défiance de la juſtice du Maître , & par-là l'outrager lui - même en quelque façon , puiſque l'Ambaſſadeur le repréſente encore.

50. Mais ſi le crime a été commis par ordre du Maître , il y auroit ſans doute de l'imprudence à lui renvoyer l'Ambaſſadeur , puiſqu'on a tout lieu de croire que celui qui a ordonné le crime , n'aura garde ni de livrer le coupable ni de le punir : on peut donc en ce cas-là s'aſſurer de la perſonne de l'Ambaſſadeur juſqu'à ce que le Maître ait réparé l'injuſtice commiſe , & par ſon Ambaſſadeur & par

lui-même. Pour ceux qui ne repréfentent pas la perfonne du Prince, comme de fimples meffagers, les trompettes, &c. on peut les tuer fur le champ, s'ils viennent, par exemple, dire des injures à un autre Prince par ordre de leur Maître.

Mais rien n'eft plus abfurde que ce que quelques-uns prétendent, que tout le mal que les Ambaffadeurs font par ordre de leur Maître doit être uniquement imputé au Maître; fi cela étoit, les Ambaffadeurs auroient plus de priviléges fur les terres d'autrui, que n'en auroit leur Maître même s'il y venoit, & le Souverain du pays au contraire auroit moins de pouvoir chez lui que n'en a un père de famille dans fa maifon.

En un mot, la fureté des Ambaffadeurs doit être entendue de manière qu'elle n'emporte rien de contraire à la fureté des Puiffances auprès defquelles ils font envoyés, & qui autrement ne voudroient ni ne pourroient les recevoir. Or il eft certain que les Ambaffadeurs feront moins hardis à entreprendre quelque chofe contre le Souverain ou les membres d'un Etat étranger, s'ils craignent qu'en cas de trahifon ou de quelqu'autre malverfation confidérable, le Souverain du pays pourra lui-même en tirer raison, que s'ils n'ont à appréhender que le châtiment de leur Maître.

6°. Lorfque l'Ambaffadeur lui - même n'a commis aucun crime, il n'eft pas permis de le maltraiter, ou de le tuer par droit de *Talion* ou de *Repréfailles :* car dès qu'on la reçu fous ce caractère, on a renoncé par cela même au droit qu'on pouvoit avoir à cet égard.

Inutilement objecteroit - on un affez grand nombre d'exemples de vengeance de cette efpéce rapportés par l'hiftoire ; car les Hiftoriens ne racontent pas feulement des actions juftes & innocentes ; mais on y trouve auffi bien des chofes faites contre la juftice dans le feu de la colère, ou par quelqu'autre mouvement de paffion déréglée.

7°. Ce que l'on a dit jufqu'ici des droits des Ambaffadeurs, doit être appliqué à leurs domeftiques & à toute leur fuite. Si quelqu'un de fes domeftiques a fait du mal, on peut demander à fon Maître qu'il nous le livre ; s'il ne le fait pas, il fe rend coupable de fon crime, & en ce cas - là il donne droit d'agir contre lui, de la même manière que s'il avoit commis un crime qui lui fût propre & perſonnel.

Un Ambaſſadeur ne peut pourtant pas punir lui-même ſes domeſtiques ; car ce droit n'étant pas néceſſaire au but de ſon emploi, il n'y a pas lieu de préſumer que ſon Maître le lui ait donné.

8°. A l'égard des biens d'un Ambaſſadeur, on ne peut pas les faire ſaiſir ni pour payement ni pour ſureté par voie de Juſtice ; car cela ſuppoſeroit qu'il relève de la Juriſdiction du Souverain auprès duquel il réſide : mais s'il ne veut pas payer ſes dettes, on doit, après l'avoir averti, s'adreſſer à ſon Maître, après quoi ſi le Maître lui-même refuſe de nous rendre juſtice, alors on peut ſaiſir les biens de l'Ambaſſadeur.

9°. Enfin pour ce qui eſt du droit d'aſyle & des franchiſes, il n'eſt nullement une ſuite de la nature & du but des ambaſſades ; cependant ſi on l'a une fois accordé aux Ambaſſadeurs d'une Puiſſance, rien ne nous autoriſe à le révoquer tant que le bien de l'Etat ne le demande pas.

On ne doit pas non plus, ſans de fortes

raifons, refuler aux Ambaffadeurs les autres fortes de droits, & les honneurs qui
font établis par un commun confentement
des Souverains ; car alors ce feroit une
efpéce d'outrage.

*Fin de la quatrième & dernière Partie,
& du Tome fecond.*

TABLE

DES CHAPITRES

Contenus dans le second Volume.

TABLE.

TABLE.

Fin de la Table du Tome second.

www.ingramcontent.com/pod-product-compliance
Ingram Content Group UK Ltd.
Pitfield, Milton Keynes, MK11 3LW, UK
UKHW020242180726
13839UKWH00001B/124